数字出版启示录

西方数字出版经典案例分析

刘银娣◎编著

中国出版集团

世界图书出版公司

广州·上海·西安·北京

图书在版编目（CIP）数据

数字出版启示录：西方数字出版经典案例分析 / 刘
银娣编著． -- 广州：世界图书出版广东有限公司，
2025.1重印
ISBN 978-7-5100-8326-6

Ⅰ．①数… Ⅱ．①刘… Ⅲ．①电子出版物－出版工作
－案例－西方国家 Ⅳ．① G237.6

中国版本图书馆 CIP 数据核字（2014）第 168283 号

数字出版启示录——西方数字出版经典案例分析

策划编辑　赵　泓
责任编辑　梁少玲
封面设计　梁嘉欣
版式设计　文　竹
出版发行　世界图书出版广东有限公司
地　　址　广州市新港西路大江冲 25 号
电　　话　020-84459702
印　　刷　悦读天下（山东）印务有限公司
规　　格　787mm×1092mm　　1/16
印　　张　10.25
字　　数　150 千
版　　次　2014 年 7 月第 1 版　2025 年 1 月第 4 次印刷
ＩＳＢＮ　978-7-5100-8326-6/G·1694
定　　价　58.00 元

前　言

Preface

随着信息传播技术（Information Communication Technology）的发展，数字化浪潮席卷出版业，以数字出版为代表的新的出版形态不断冲击着传统出版业。美国出版商协会公布的销售数据显示，从 2011 年至 2012 年，传统印刷图书销售数据下降了 11.4%，而与此同时，2012 年电子书销售额则达到 12.51 亿美元，较 2011 年增长了 42%。近年来，我国电子书销量也呈现"井喷"之势，2012 年我国电子书（不含电子书阅读器）收入也获得了巨大增长，达到 31 亿元，较 2011 年增长了 343%。阅读消费是由阅读需求带动的，2013 年中国新闻出版研究院发布的《第十次全国国民阅读调查报告》显示，2012 年我国 18-70 周岁国民电子书的阅读量增幅较为明显，人均阅读电子书 2.35 本，同比增长 65.5%；电子书阅读率为 17.0%，较 2011 年的 16.8% 上升了 0.2 个百分点。由信息传播技术和数字阅读设备发展带来的数字阅读习惯的不断增长，在促进数字文化消费不断增长的同时，也引领着数字出版产业的不断增长。2013 年，原新闻出版总署科技与数字出版司公布了首批数字出版示范单位名单，包括浙江出版联合集团有限公司、北京师范大学出版社等在内的 25 家出版机构被确定为数字出版示范单位，然而，这 25 家出版单位没有一家已经形成了数字出版为主导的商业模式，数字内容产品收益在其总收益中的比例仍然微乎其微。然而，尽管 2008 年 9 月 14 日，《纽约杂志》（NewYork Magazine）刊登了一篇 6000 字的长文，题为《终结》（The End）。该文宣称，以兰登书屋、哈珀·柯林斯、西蒙与舒斯特等为代表的现行大众出版模式已经黔驴技穷，难以为继。然而，这些大众出版集团的数字化收益在其总收益中已经占据了较高的比例，在数字化转型的道路上也逐渐探索出了适合自己的道路，与大型技术提供商也有了越来越多的筹码和话语权。专业出版和教育出版领域的数字化转型更是运作良好，里德·爱思维尔、斯普林格、阿歇特等大型专业出版集团的数字化收益已经远远超过其传统出版收益，其甚至已经开始了从数字内容提供商到专业解决方案提供商的转型；教育出版巨头，培生教育出版集团、麦格劳·希尔出版集团的数字收益也逐渐赶上甚至超过传统教育出版业务收入，也逐步从以出版为主的公司转变为利用科技创新来帮助学生有更好的表现的教育服务提供商的转变。在我国传统出版企业和创新型的数字出版企业面临着转型和发展困境的时候，西方众多数字出版企业已经为我们创造和推出了诸多可值得借鉴的数字出版成功范式和模板。借鉴和学习西方数字出版先行者的成功经验和其在数字出版发展过程中遭遇到的困难，对于加快我国新闻出版产业数字化转型步伐有着巨大的启示作用。因此，我们有针对性的挑选了一些西方数字出版领域的成功个案进行剖析，包括大众出版商、教育出版商、专业出版商以及新型数字出版技术提供商和数字出版创新者，较为深入地分析了其成功经验，以期对面临数字化转型的我国传统出版企业和面临盈利和创新困境的新型数字出版企业有一定的启发，推动我国数字出版实践创新。

由于水平有限，书稿难免存在很多缺陷和不足，欢迎批评指正。作者也会在今后的研究中对其进行修改和进一步深入的分析。

作者

2014 年 7 月

目 录

Contents

大众出版数字化转型的先行者
——哈珀柯林斯的成功经验

1. 集团简介

哈珀柯林斯出版集团是世界上最大的大众英语图书出版商之一，其历史最早可以追溯到1817年，詹姆斯·哈珀（James Harper）和约翰·哈珀（John Harper）兄弟俩在纽约创建的哈珀出版社（Harper Publishers）。该出版社出版了阿加莎·克里斯蒂、马克·吐温、勃朗特姐妹、狄更斯、马丁·路德金、萨克雷等大量知名作家的作品。1990年，哈珀出版社被新闻集团（News Corp.）购入，并与英国的威廉柯林斯出版社（William Collins Press）合并，从而形成世界性出版巨头——哈珀柯林斯出版集团（Harper Collins Publishers），成为新闻集团的全资子公司，总部在纽约，在美国其他地区、英国、加拿大、澳大利亚、新西兰和印度都建立了分部。哈珀柯林斯出版范围非常广泛，包括文学和商业小说、商业图书、童书、烹饪图书、叙事散文、神秘小说、言情小说、参考书、流行文化、设计、卫生、健康、宗教和灵性图书等。目前，哈珀柯林斯仍然有着非常丰富的作者资源，其多个作者获得过诺贝尔奖、普利策文学奖（Pulitzer Prize）、国家图书奖（National Book Award）、纽伯瑞奖章（the Newbery Medal）以及凯迪克奖（the Caldecott Medal）等。哈珀柯林斯一直走在创新的前沿，采用数字技术为读者创造独特的高质量的阅读体验，同时为其作者增加了价值，提供了更广阔的发展空间。

2. 业务构成

在数字技术对出版业产生巨大冲击的情况下，哈珀柯林斯出版集团一直保持着良好的经营状况，这得益于哈珀柯林斯畅销书项目的成功。哈珀柯林斯出版集团出版的图书一直是全球最重要的畅销书排行榜上的常客，在 2013 年，哈珀柯林斯出版集团的市场表现仍然卓越，一共有近 10 本图书成为超级畅销书（发行量超过 100 万的图书）。除此之外，哈珀柯林斯的成功还离不开其并购策略。1999 年 2 月，哈珀柯林斯出版集团购入世界著名的文学出版社——Ecco 出版社，1999 年 7 月购入 Hearst 图书出版集团及其子公司 William Morrow 和 Avon 出版社，从而成为美国第二大英语出版社。1999 年 10 月，该集团又购入著名非洲文学出版社——Amistad 出版社。2013 年，其并购了托马斯尼尔森公司（Thomas Nelson），建立了一个新的基督教出版部门：哈珀柯林斯基督教出版（HarperCollins Christian Publishing）。其还完全兼并重组了哈珀柯林斯印度出版公司（HarperCollins India）。2013 年，哈珀·柯林斯推出了一些新的出版项目，例如 e-Insider；新的出版品牌，例如 HarperTeen Impulse、Infinitum Nihil and William Collins；以及新的书店，例如 Bourbon Street Books、Witness and HarperWave 等。

具体而言，哈珀柯林斯出版集团由以下业务部门构成：

（1）哈珀柯林斯大众图书出版部门：该部门总部在纽约，主要出版文学、小说、烹饪等大众图书，每年都有大量图书登上畅销书排行榜，其在 2013 年一共有 194 种图书登上《纽约时报》的畅销书排行榜，其中 10 种登上畅销书排行榜的第一名。该集团的成功得益于其丰富的作者资源，哈珀柯林斯与很多知名作家都建立了良好的合作关系，在数字技术的影响下，其致力于进一步扩大作者及其作品的价值。

（2）哈珀柯林斯童书出版部门：哈珀柯林斯童书出版部门是本世纪初整合哈珀柯林斯的童书出版资源而成立，自成立以来，该部门连续 12 年成为绘本图书销量最高的出版商，其每年都有大量童书登上《纽约时报》畅销书排行榜。在 2013 年一共有 53 本登上纽约时报畅销书排行榜。

（3）哈珀·柯林斯基督教出版部门：这是哈珀柯林斯 2013 年新成立的一个出版部门。2011 年，哈珀柯林斯以 2 亿美元的价格收购了托马斯尼尔森公司（Thomas Nelson），2013 年 7 月，这项收购正式完成，并与哈珀柯林斯旗下的基督教出版资源进行整合，建立了一个新的基督教出版部门——哈珀·柯林斯基督教出版部门（HarperCollins Christian Publishing）。尽管该部门 2013 年才成立，但是市场表现良好，2013 年该部门有 13 本书登上纽约时报畅销书排行榜。

（4）哈珀柯林斯英国出版部门：该部门总部在伦敦，在英国大众图书市场上一直有着良好的市场表现。在 2013 年，哈珀柯林斯英国出版部门一共有 68 本书出现在星期日泰晤士报（Sunday Times）的畅销书排行榜上，其中 8 种为榜首。

（5）哈珀柯林斯加拿大出版部门：哈珀柯林斯加拿大出版部门总部设立在悉尼，该部门 2013 年一共有 50 本图书登上全球邮件列表畅销书榜单的前 10 名，其中 7 本占据榜首的位置。2013 年，该部门积极利用社交媒体开展图书营销，目前在 Facebook 已经收获了 10 万粉丝，是加拿大其他出版商 Facebook 粉丝总量的 2 倍多。

（6）哈珀柯林斯澳大利亚 / 新西兰出版部门：该部门出版的图书同样是澳大利亚 / 新西兰最重要的畅销书排行榜的常客，2013 年哈珀柯林斯澳大利亚 / 新西兰部门共有 69 种书登上畅销书榜单。

（7）哈珀柯林斯印度出版部门：哈珀柯林斯最初进入印度市场的时候，因为印度出版制度和政策的原因，一直采取的是合作出版的形式。而随着印度出版市场的进一步放开，在与 Living Media India 合作 10 年后，2013 年哈珀柯林斯出版集团完全获得了哈珀柯林斯印度出版部门的所有权。该部门在印度图书市场同样有着卓越的市场表现。

3. 数字化转型的成功经验

新闻集团 2012 年和 2013 年的财务报表显示，在 2013 年第一季度，哈珀·柯林斯销售收入由2012年同期的3.52亿美元下降到3.28亿美元。然而，尽管销售额减少了，其盈利却增加了，2013年哈珀柯林斯息税、折旧及分摊前的盈利为4300万美元，较2012年同期增加了300万美元。发生这种状况，主要得益于成本较低盈利率较高的电子书销售额的增长，本季度，电子书净销售额占哈珀·柯林斯全球总销售的22%，而2012年同期则为15%。2013年，哈珀柯林斯向100多个国家销售图书和电子书，网站访问者数量也显著增加，达到了2000万。在大多数大众图书出版商落后于科技出版和教育出版的数字化转型，面临数字发展困境的时候，哈珀柯林斯已经可以算是获得了一定的成功。因此，在这里，我们对其数字化战略和转型路径进行了深入分析，拟从中发现其数字化转型的成功经验。

3.1 抓住核心资源，建立核心竞争力

哈珀柯林斯之所以能够在数字出版大潮中取得较好的成绩，离不开其对核心竞争力的塑造。在数字化转型的过程中，哈珀柯林斯并未在各种复杂的技术变革中迷失自己，而是将内容、作者和读者视为自己最核心的资源，也一直注意抓住这几项核心资源。

3.1.1 自建数字书库，加强版权保护

哈珀柯林斯出版集团是全球第一家将图书内容数字化、并创办一所全球数字书库的大众出版商。哈珀柯林斯一直坚信，做为内容提供商，对其内容进行数字化并加以控制是至关重要的。因此，其从2005年开始，就斥资数百万美元逐步将其出版的图书数字化，并与Newstand合作，建立自己的数字化仓库，这也是全球第一家大众数字书库。作为全球第一家与Newstand合作的传统出版商，其还获得了Newstand 10%的股份。目前，其新书的出版一般都是纸书和电子书同步发行，即便是老版书，哈珀柯林斯也在寻求将其转化为电子书，开拓新的市场空间的可能性和可行性。自建数字书库，使得哈珀柯林斯可以更好的保护作者的权利、满足消费者的需求，并促成其他商机。

哈珀柯林斯还非常注重版权的保护，其与Digimarc公司合作建立了盗版举报平台。Digimarc公司坐落于比弗顿（Beaverton）和俄勒冈（Oregon），

其通过发现各种形式的内容，包括音频、视频、图像等，丰富全球企业和政府的日常生活。Digimarc 拥有大量且不断增长的知识产权组合，这些组合提高了数字水印和内容识别创新的广度和深度，在美国和全球取得了上千项专利。Digimarc 的所有解决方案都是为了通过普遍的、直观的计算丰富人们的日常生活。其基于数字水印技术创造了一种新的可以嵌入媒体和对象的传播方式，允许计算机和数字设备看到、听到并参与到自己周围的世界中。它使得消费者和组织可以随时、随地的方便的访问其感兴趣的数字内容。哈珀柯林斯利用 Digimarc 的技术优势，将其运用到将印刷内容和音频内容向移动网络平台发布；保护、识别和跟踪数字文件；验证内容和对象；管理数字权利；阻止假冒和盗版；确保文件安全等方面。

3.1.2 为作者提供数字增值服务

哈珀柯林斯认为内容行业是服务行业的一个分支，出版企业的核心价值是为其作者和读者服务，成为二者之间沟通的桥梁。哈珀柯林斯为其作者提供多项服务。例如其建立了在线视频播放平台：HCTV。该平台主要用于发布与其图书和作者相关的原创视频内容，包括偷拍到的相关视频、作者访问、涉及到哈珀柯林斯图书的电视节目内容等。除此之外，为了让作者能够更好的与读者沟通，增强作者的魅力和价值，哈珀柯林斯专门建立了一个专门为作者开办的内部出版讲座机构——哈珀柯林斯演讲者委员会（Harpercollins Speakers Bureau）。哈珀柯林斯是全球第一个为作者提供这种服务的出版机构，其聘请了大量经验丰富的演讲者，包括主持人、领导型的演讲者，商业演讲者、著名演员、畅销小说家等，组成实力雄厚的演讲培训团队，每年定期为其旗下作者进行演讲培训。除了这两项服务外，近年来，哈珀柯林斯出版集团还开启一项新的针对作者的服务——为作者及其版权作品建立电子书店。英国 20 世纪著名的文学家，学者，杰出的批评家，也是公认的二十世纪最重要的基督教作者之一——C.S. 路易斯是第一个享受该服务的作者。哈珀柯林斯建立的这个全新的电子书平台，汇集了 C.S. 路易斯在 CSLewis.com 和 Narnia.com 两个网站上销售的作品，将直接面向读者销售。该平台采用埃森哲数字出版解决方案。

3.1.3 注重读者的阅读体验

为了了解数字时代读者阅读需求的变化，哈珀柯林斯做了很多实验，对读者的阅读行为和消费行为进行分析。实验表明年轻人越来越喜欢用上网浏览的方式进行阅读，美国每个月更是有上百亿个搜索问题在网上得到结果。哈珀柯林斯意识到在数字时代，要想更好的满足读者的阅读体验，就要与搜索引擎建立合作关系，让读者可以在网上搜索到其所需要的图书。因此，哈珀柯林斯在很多出版集团对谷歌图书搜索（Google Book Search）项目持观望甚至反对意见的时候，就开始与谷歌、雅虎和亚马逊合作，将图书分割成不同页面，供读者更好的检索和浏览。哈珀柯林斯为了让读者获得更好的阅读体验。其在图书数据化的过程中，还非常注重扫描的质量，这使得其电子书的浏览效果远远高于亚马逊电子书的浏览效果，在早期，这降低了图书的搜索速度，而随着搜索技术的发展，这一问题不复存在，而高质量电子书标准的坚持，则给哈珀柯林斯带来了更多忠诚的电子书读者。

3.2 保持开放的心态，加强各方合作

哈珀柯林斯和每个技术平台的伙伴都诚意合作，满足不同平台的需求也就是满足不同读者的需求。这也是一种自我保护的方式，因为如果只和一两家合作，其实是增加了风险。哈珀柯林斯的合作对象很多。如前所述，首先，为了适应数字环境下读者对搜索引擎工具的依赖，其与谷歌、雅虎等搜索引擎合作，寻求共盈途径。其后，为了拓宽其电子书销售渠道，其采用多平台销售策略，与亚马逊、Kobo、巴诺、苹果等多家电子书销售平台开展合作。在 2012 年被美国司法部以垄断电子书价格为名起诉并胜诉后，其迅速与亚马逊重新建立紧密的合作关系。为了建立按需印刷业务，其在 2011 年 5 月 12 日，与纳利印刷公司签订了全球供应链突破性协议。根据协议，从 2011 年 11 月起，当纳利印刷公司将接手哈珀柯林斯出版公司维吉尼亚州哈里森堡工厂新书的印后业务；从 2012 年 7 月起，该公司还将负责哈珀柯林斯出版公司旗下桑德凡出版社重点新书和再版书的印后工作；当纳利还将为哈珀柯林斯出版公司在全球范围内提供按需印刷服务，这将能使该出版公司的大部分版权图书在世界各地实现按需印刷。同时，这一协议也使当纳利成为哈珀柯林斯出版公司传统产品的印刷商、印后服务商和发行商。

3.3 大胆创新，稳步转型

作为一家传统出版企业，哈珀柯林斯在数字化转型过程中能够取得骄人的成绩，离不开大胆、持续的创新。哈珀柯林斯是最早建立数字图书仓库的大众出版企业，也是最早将办公自动化等技术和管理方法引入出版业的传统出版企业之一，其在 200 年的发展历程中，一直随着变化而变化，大胆创新，而其转型的步伐又相当稳健，故而能够纵贯剧变的时代走到今天。而在六大大众出版集团中，哈珀柯林斯也是第一家向图书馆提供电子书的企业。其后，兰登书屋才放开了对图书馆供应电子书的限制。而企鹅和西蒙·舒斯特直到 2013 年才开始向图书馆提供电子书，前者价格较低，采用平价策略，但有效期仅 1 年；后者只有 2 类书供给。而另外两家大众出版集团，阿歇特、麦克米伦直到现在都没敢开放图书馆电子书项目。尽管哈珀柯林斯图书馆供应电子书有助于其建立新的电子书市场，但是，在各国电子书借阅法律和政策尚不完善，消费者从图书馆借阅电子书很可能导致销售减少的情况下，哈珀柯林斯通过创新而稳健的电子书借阅次数限制的规定和技术避免了这一情况的发生。其通过多项调查，了解到如何在扩大电子书馆配市场的同时，避免对电子书销售产生负面影响，从 2011 年开始，就以消费者价格向图书馆销售电子书，同时要求电子书在被购回前，每本的外借次数最多 26 次、每次不超过 2 周的限制。这一做法虽然也引起了一定争议，但是比起其它大众出版集团对电子书馆配市场的回避状态，目前已经受到美国、英国等地图书馆的支持。兰登书屋也提出未来可能效仿哈珀柯林斯的做法，目前哈珀柯林斯向图书馆的销售已经占到总收入的 7%-9%。除了稳健的率先开放电子书馆配市场外，哈珀柯林斯还积极实现内容与更多设备的对接。例如 iPhone、iPod、iPad 等电子平台越来越受到人们的追捧，选择平板电脑、智能手机作为阅读工具的读者日益增多，哈珀柯林斯选择开发适合在 iPhone、iPod 或 iPad 上使用的应用程序。应用程序的趣味性、娱乐性颇为吸引儿童的兴趣，而且互联网所具有的互动性通过应用程序的使用，可以使儿童在感受故事情节和人物的同时更好地实现与第三方的互动，增加了阅读的乐趣。目前，哈珀·柯林斯童书出版公司的编辑正与作者、画家共同探讨如何融入新技术，为电子内容增加新特性。其通过进行员工培训、持续市场分析并与技术保持同步等方式鼓励作者、编辑对新技术和新形式的探索，让消费者更好地理解和接受其数字化转型，用最令人满意和便捷的方式提供丰富的内容。

3.4 积极利用数字化营销方式

3.4.1 数字内容产品开发：多媒体融合与新作者挖掘

对于那些没有时间听有声读物，更别说阅读纸质图书或是电子书的人来说，这或许是个不错的选择。2009 年，哈珀柯林斯就推出了首本视频图书。这本被视频化的图书是美国媒体评论博客编辑杰夫·贾维斯所著的《谷歌打算干什么》，该书 2009 年 1 月已由柯林斯商务出版社出版，并于 2009 年 2 月 3 日上市，售价 9.99 美元。在这段片长 23 分钟的视频中，贾维斯在一个白色背景前对着摄像机讲述了《谷歌打算干什么》一书的主要内容。他并不是原原本本按照书的内容去朗读，而是介绍了诸如谷歌在网络竞争领域为何如此成功以及有何经验可供他人借鉴等基本理念。该书大获成功后，哈珀柯林斯又在纸本图书的基础上，开发了更多嵌入视频、音频等多媒体信息的电子书。例如简·列维为美国职业棒球手米基·曼特尔写的传记《最后的男孩》（The Last Boy）纸本图书出版后，哈珀柯林斯为其电子书增加了 30 分钟的视频，根据录像资料用电脑分析合成米基在杯赛上击球时间和动作的图式。该电子书一经出版，迅速畅销。另一本博纳德·康韦尔讲述美国独立战争的历史小说《堡垒》（The Fort）的电子版中，哈珀柯林斯派出摄影人员，拍摄了这个战争遗址的现状，将其嵌入到电子书中。西蒙·温彻斯特的《大西洋》（The Atlantic）有 15 个作者工作时的视频，并配了 60 个字的视频简介。传记《我头脑中的音乐烦到你了吗？》（Does the Sound in My Head Bother You？）还请来波士顿摇滚乐队 Aerosmith 歌手斯蒂芬·泰勒为该书电子版录制视频。列维斯的《纳尼亚传奇 3：黎明踏浪号》（Voyage of the Dawn Treader）电子版中，哈珀·柯林斯也为其制作了一个时长 7 分钟的动画、猜谜和地图视频，让读者仿佛进入了纳尼亚世界。不是简单的纸本图书的电子书，而是在其电子版中嵌入多媒体信息等能够体现电子书优势的内容，一方面可以增加电子书的价值，创造新的版权价值，另一方面也能够更好的提升读者的阅读体验和体现电子书的优越性，促进其电子书的销售。

作者是出版企业最重要的品牌资源，哈珀柯林斯在新型数字出版产品策划和新作者挖掘方面进行了大量的的实验。例如早在 2008 年，哈珀柯林斯就推出了写作社区网站自由撰写网（Authonomy），旨在帮助编辑们发现写作新秀。而在自助出版市场大潮吸引各家出版商采取行动的时候，哈珀柯林斯 2012 年年初借助 Authonomy 项目挖掘新作者，通过 Authonomy 在线写作社区把作者导向亚马逊的自助出版平台 CreateSpace。

除了在开发新的电子书产品和作者方面进行了多项举措外，哈珀柯林斯还扩大其常备电子书库，拉动电子书收入增长。2013 年第一季度，哈珀柯林斯常备书的电子版销售比 2012 年同期增长了 40％，远远高于公司整体的销售增长。2013 年第三季度，哈珀柯林斯电子书销售占常备书总收入的 21％，而 2013 财年第一季度还仅为 16％。另外，2012 年 10 月哈珀·柯林斯旗下 Avon 图书品牌还尝试通过社区阅读体验推出无 DRM 保护的电子书，试图寻找电子书的新型盈利模式。

3.4.2 数字推广：打造 Publish ＋的新模式

哈珀柯林斯制定了打造 Publish ＋的数字化营销模式的计划。在这一计划的指导下，2006 年哈珀柯林斯英国公司推出了"Browse Inside"测试版，这也成为该集团当前重要的图书营销模式。"Browse Inside"允许用户在线浏览图书的几页内容，同时也向各图书零售店、MySpace 等社交网站及亚马逊、Google 等网站及 HC 英国网站提供数字仓库中的图书内容。消费者在以上网站以及作者网站点击"Browse Inside"按钮即可进入出版社网站浏览图书封面、目录和前两章前三页内容。经过一年的调试，2007 年 8 月，哈珀·柯林斯正式版的"Browse Inside"网站亮相了。在技术和功能上正式版都有所拓展。使用者在博客和个人网页上点击"Browse Inside"按钮，就会出现插件形式的图书页面，浏览图书时不会关闭博客或其他网页。2007 年 12 月，又增加了"站内搜索"功能，读者可获得哈珀·柯林斯网站上与该书内容相关的节选内容及相关链接。此外，注册的读者还可享受会员优惠，在"作者追踪"（AuthorTracker）栏目下，获得喜欢的作者的最新动态。到 2007 年底，已经有几千种图书制成电子版放入"Browse Inside"库中，读者可在线浏览喜爱作家的 20% 的作品内容。其还于 2006 年建立了"数字媒体咖啡厅"，该平台使读者可以免费下载作者的访谈文件，或通过手机、阅读器等设备付费收听或阅读图书内容，目前，哈珀柯林斯已经在该项目的基础上建立了视频平台 HCTV。新闻集团在 2006 年底以 5.8 亿美元的低价收购世界流量最大的 My Space 论坛网站，也为哈珀柯林斯旗下图书的口口相传及营销造势建立了强大的人脉和噱头。我们不得不说，哈珀柯林斯有着非常长远的发展眼光，早就注意到客户数据对于图书推广的巨大价值，因此，很早就开始建立自己的数字图书仓库，并将读者从搜索引擎引到自己的数据库，基于其数字图书仓库，哈珀·柯林斯已经建立了一个有数百万客户的档案数据库，在大数据技术的支持下，其不用担心数据的问题，得以更好地依托这一数据库开展目标营销。哈珀柯林斯的数字化营销围绕着 Publish ＋的新模式，即突破传统的出版思维定势，寻找数字和网络形式下将作者、书商、消费者的范围不断扩大的新出版模式。在这种新模式下，哈珀柯林斯不再一味追求畅销书，而是依靠在版书的长尾效应和互联网的营销潜力制定推广方案。哈珀柯林斯频繁组织市场调查，来了解在线广告及其潜在顾客，通过一系列电子通讯识别潜在顾客，使他们保持对互动性网站的兴趣，分析读者了解图书信息的渠道。哈珀柯林斯还针对不同类别的大众类传统出版物采取不同的数字转型策略，部分特定的出版物更是直接建立网络直销渠道，实现网上同步销售。

3.4.3 灵活的价格策略

哈珀·柯林斯还采用了灵活的价格策略。其参加了亚马逊的 Kindle MatchBook 捆绑销售项目，该项目旨在让购买纸质版的读者低价甚至免费获得同一本书的电子版，电子版价格分为 2.99 美元、1.99 美元、0.99 美元和免费四档。1995 年以来在亚马逊网站购买了纸质书的消费者都可以参加这个纸质书电子书捆绑计划。

3.5 注重环保，发展绿色出版

哈珀柯林斯意识到环境的重要性,因此开展了哈珀绿色出版项目(Happer Green)，采取了一系列重要步骤去降低能耗和对环境的负面影响。哈珀绿色出版项目包括哈珀柯林斯全球图书纸张采购政策（Harper Collins Global Book Paper Procurement Policy），即哈珀柯林斯规定其全球图书纸张采购要使用可持续使用的纤维、减少污染、减少浪费，回收利用资源等方式实现其保护自然资源的环保目标。其积极与供应商合作，最大限度地提高纸张的有效利用，减少浪费。哈珀柯林斯图书纸张来自米尔斯（mills），该地的森林管理实践获得了独立的、国际公认的可持续的森林认证机构，例如森林管理委员会（Forest Stewardship Council，FSC），森林认证认可计划（Programme for the Endorsement of Forest Certification，PEFC），可持续林业倡议（Sustainable Forest Initiative，SFI）以及加拿大标准协会（Canadian Standards Association，CSA）的认可。哈珀柯林斯规定，如果纸张供应商的木材资源来自第三方供应商，其必须提供证据证明该纸张获得了相关环保认证。2013 年，哈珀柯林斯美国购买的用于生产印刷图书的 80% 的纸张都获得了产销监管链认证（Chain of Custody，COC）；哈珀柯林斯美国在亚洲印刷的童书和成人图书 95% 的纸张都得到了森林管理委员会认证；哈珀柯林斯英国印刷的图书获得了产销监管链认证和森林管理委员会认证。

3.6 加强数字基础设施建设

哈珀·柯林斯在国际书业一直被看作数字出版的开路先锋，事实上其在数字化转型的过程中非常注重数字基础设施建设。早在 2001 年 11 月，哈珀柯林斯与 Over Drive 公司合作，成立了集团层面的数字内容管理平台——Harper Collins Private Reserve。当时通过微软和 Adobe Acrobat 电子书的格式，将纸本书与电子书捆绑起来，向在线零售商（如 WHSmith.co.uk）传送电子书目录及营销信息。当时建成了电子书库 Perfect Bound 及旗下的基督教出版集团 Zondervan 的电子书库。到了 2005 年 8 月，哈珀柯林斯宣布新的合作伙伴——News Stand 集团旗下的 Libre Digital 公司，组建大众出版业第一个数字仓库。与其他任何一家在其后建立数字仓库的出版集团都不同的是，哈珀·柯林斯一开始，就瞄准国际市场，其数字仓库覆盖了在美国、加拿大、澳大利亚、英国和新西兰等地区的出版业务。由它协助提供数字排版、制作、数字保存、互联网发行及网上营销等服务。哈珀柯林斯对该项目的投资估计为七位数。当时数字仓库已储存有1万种图书。值得一提的是，哈珀柯林斯与 Libre Digital 公司成熟的合作模式，吸引了阿歇特、西蒙及舒斯特等出版集团，它们随后也都选择 Libre Digital 作为数字内容的发行伙伴。

2012年法兰克福书展期间，哈珀柯林斯出版集团宣布使用英国出版科技集团的技术，搭建一个新的全球出版流程管理系统，该系统完成后将成为目前同类出版软件中规模最为庞大的一个，系统名为"全球产品经理"，将在世界范围内整合哈珀·柯林斯集团的编辑出版，市场推广和电子商务等业务数据，从而拓展其核心目标市场的覆盖范围。新的系统采用中央集成的方式，整合集团现有的系统和资源，以一种更加清晰便捷的方式全面展示集团各种出版物的目录，包括图书，电子书和应用程序。同时也给员工浏览，管理和共享出版信息的方式带来全新的改变。该软件系统使用出版科技集团公司的 Advance 软件搭建，通过该平台，哈珀柯林斯的员工可以体验和探索当前和未来的最先进的内容传输方式和电子商务模式，同时实现更好的元数据管理，以实现在网络搜索时代提升其内容可见度和提高被搜索的频次。该系统将首先在美国推出，其次是英国，随后加拿大、澳大利亚以及世界其他各地，部署过程贯穿整个2013年。

参考文献：

［1］Harper Collins Publishers.Company Profile[EB/OL].

[2014-7-1]http://corporate.harpercollins.com/us/about-us/company-profile

［2］Harper Collins Publishers.HarperCollins Imprints[EB/OL].

[2014-7-1] http://corporate.harpercollins.com/us/harpercollins-imprints

［3］Harper Collins Publishers.HarperGreen[EB/OL].

[2014-7-1] http://corporate.harpercollins.com/us/about-us/harper-green

［4］Pam Spengler-Jaffee.

Harper Voyager Expands Digital-First Publishing Platform[EB/OL].

[2014-7-1]http://corporate.harpercollins.com/us/press-releases/63/

Harper%20Voyager%20Expands%20Digital-First%20Publishing%20Platform

[5] 馨闻．哈珀·柯林斯推出全球出版流程管理系统 出版参考，2012，（12）

[6] 李倩．数字出版时代欧美出版企业成功经验与启示［J］．中国出版，2013，（16）

[7] 吴越．"幸存" 200 年的秘诀：先于变化而变——访哈珀柯林斯出版集团版权出版人大卫·布朗［N］．文汇报，2013-3-22（00C）

[8] 海艳娟．当纳利将为柯林斯提供按需印刷服务［N］．中国新闻出版报，2011-5-25（007）

[9] 朱珊．哈珀·柯林斯推出首本视频书［N］．中国新闻出版报，2009-2-5（003）

[10] 渠竞帆．哈珀·柯林斯：铿锵铁娘子的数字王国［N］．中国图书商报，2007-1-19（009）

[11] 渠竞帆美国书业高管剖析数字出版机遇出版商转型调整进程加快［N］．中国图书商报，2012-2-10（001）

[12] 渠竞帆哈珀·柯林斯引领大众出版数字化潮流——整合成就全球业务立体布局［N］．中国图书商报，2008-12-5（007）

以内容为核心：
兰登书屋数字化发展策略研究

1. 集团发展历史

1925 年，贝内特·瑟夫（Bennett Cerf，1895-1971）与好友唐纳德·克勒普弗（Donald KloPfer）合伙，以 20 万美元的价格从"博尼与利夫莱特出版社"（Boni & Liveright）买下《现代文库》丛书（The Modern Library），以此为基础，成立了《现代文库》出版社。1927 年，瑟夫决定在《现代文库》之外，开辟一个副业，开办了兰登书屋（Random House），并逐渐成为瑟夫的主业。目前《现代文库》仍然在版，出版社是兰登书屋[1]。从 1927 年创立出版社到 1970 年退休，这四十多年间瑟夫把一个每年出版几种珍藏版精装书的小出版社越做越大，并于 1960 年开始逐渐并购一些杰出的出版社，例如 1960 年并购了阿尔弗雷德 A. 克罗夫出版社（Alfred A. Knopf, Inc）；1961 年并购了由欧洲编辑在纽约建立的出版国外著作的出版社潘瑟恩图书公司（Pantheon Books）。而兰登书屋在 1965 年也被媒体公司 RCA 收购。被收购后，兰登书屋并未停止并购的步伐，在 1973 年收购大众平版图书公司巴勒庭图书公司（Ballantine Books），该项并购也让兰登书屋获得了更广泛的读者群。在 1980 年，兰等书屋被先锋出版公司（Advance Publications, Inc）收购，这也是兰登书屋迅速扩张的一个阶段，

---

1. 练小川. "兰登" + "企鹅" 的幽默. 出版参考，2012，（22）

其于 1982 年收购了平装书出版商佛斯特图书公司（Fawcett Books）；1982 年创建了新的精装书公司维拉德图书公司（Villard Books），1984 年从《纽约时报》集团收购了时报图书公司（Times Books），1986 年收购了弗多旅游指南（Fodor's Travel Guides），1988 年对皇冠出版集团（Crown Publishing Group）的收购更是让其迅速壮大。1998 年，兰登书屋被德国出版巨头贝塔斯曼收购，成为贝塔斯曼的全资子公司，并逐渐发展成为美国最大的大众出版集团。[1]

2．集团简介

兰登书屋的作者资源非常丰富，其作者资源中，有 50 多位诺贝尔文学奖获得者，100 多位普利策奖获得者，除此之外，还有大量的广受欢迎的畅销书作家。兰登书屋是世界上最大的印刷和电子大众图书出版商，其有 200 多个编辑独立的出版社，每年出版近 10000 种新的印刷图书、电子书和有声图书，每年在全球的销售量达到 4 亿多册。除了北美总部外，其在加拿大、德国、英国、澳大利亚、新西兰、南非、印度、爱尔兰、西班牙、阿根廷、智利、哥伦比亚、墨西哥、厄瓜多尔等国建立了一共 15 个代表处。兰登书屋包括皇冠出版集团（Crown Publishing Group），克罗夫双日出版集团（Knopf Doubleday Publishing Group），兰登书屋出版集团（Random House Publishing Group）、兰登书屋数字出版集团（RH Digital Publishing Group）、兰登书屋童书出版（Random House Children's Books）以及兰登书屋国际出版集团（RH International），截至 2011 年 12 月 31 日止，其在全球共有 5343 名员工。[2]

---

1. Random House .About us[EB/OL]. [2014-7-1] http://www.randomhouse.com/about/history.html

2. Random House.Facts and Figures[EB/OL].[2014-7-4]http://www.randomhouse.biz/about/factsandfigures/

3. 数字化发展战略

兰登书屋很早就制定了数字化发展策略，在上世纪七十年代就开始数字化转型，到 2012 年底，其数字产品销售额已占总销售额的 22%，成为维持其业务增长的重要力量。兰登书屋数字化转型能够取得这样的成绩，离不开其数字化策略的设计和有效实行。该策略紧抓兰登书屋的优势，以内容为核心，围绕内容的生产、价格、传播和营销而展开。

3.1 数字化内容生产策略

3.1.1 逐步成熟的电子书产品开发

兰登书屋不断利用最新的数字技术和平台，以在全球大众图书市场上的领先优势为依托，以高质量的内容为支撑，将电子书发展成一个重要的战略业务方向。其电子书包括已出版图书的电子版和即时电子书。

（1）已出版图书的电子版的开发

在哈珀柯林斯开启其自建数字图书仓库的计划后，2006 年 12 月，兰登书屋也宣布未来三年内将在英国建立一个数字档案库，并与 IT 公司沃图销售（Virtu sales）签订了建立数字仓库的合同。该数字仓库将为已有的分销客户和其他相关部门提供服务。兰登书屋图书数据库建设是有先后顺序的。2006 年的数字档案库的建设还只限于英国，且其最开始并未将范围扩展到新书，而是先从再版书的数字化开始，其后才是那些最具赚钱潜力的图书，这样可以最大限度地避免数字化对纸质图书的负面影响。到 2007 年 5 月其总量为 3.3 万种的在版书的数字化工程已完成 2.5 万种。2008 年，兰登书屋 CEO 马克斯·杜尔（Markus Dohle）在一份报告中，声称兰登书屋的电子书库存已达到 8000 本，并将持续扩大至 15000 本的数字图书馆。其中包括畅销书作家约翰·阿普蒂克（John Updike）和阿兰·科本（Harlan Coben）的小说。2010 年 3 月 16 日，兰登书屋正式宣布将约翰·格里森姆的 23 本作品以电子书的形式出现，分别是《杀戮时刻》（A time to kill、《陷讲》(the firm)、《鹈鹕案卷》(The Pelican Brief)、《当事人》(The Client)、《毒气室》（The Chamber)、《超级说客》(The Rainmake)、《失控的陪审团》(The Runway Jury)、《合伙人》(The Partner),《贫民律师》(The Street Lawyer)、《遗嘱》(TheTestament)、《三兄弟》(The Brethren)、《油漆的房子》(A Painted House)、《逃离圣诞》(Skipping Chrismas)、《传唤》(The Summons)、《诉讼之王》(The King Of Torts)《露天看台》(Bleachers)、《最后的陪审员》(The Last Juror)、《掮客》(The Broker)、《与披萨共舞》(Playing For Pizza)《无辜的人》(The Innocent Man)、《上诉》(The Appeal)、《合伙人》(The Associate) 和《福特郡》(Ford County)。约翰·格里森姆的作品被翻译成 29 种语言在全球范围销售，由兰登书屋旗下的戴尔出版集团与双日出版集团出版发行，总销售量达 2.3 亿册。[1] 兰登书屋抛弃影响这些畅销书印刷本销量的顾虑，而将其全部电子化，标志着兰登书屋向数字化转型的经营策略的推行。兰登书屋还通过振兴上世纪的著名品牌系列图书以扩大在电子书市场的份额。Loveswept 言情小说的复兴就是一个典型例子，它是矮脚鸡出版公司旗下上世纪八九十年代美国最受欢迎的言情小说品牌。兰登书屋以电子书专有产品线的形式，通过其美国公司与英国的 Transworld 公司合作出版，在兰登书屋集团各国分支机构的共同努力下，其电子书在北美、英国和其他英语国家同步发行。此外，兰登书屋还有意复兴旗下子公司 Chatto & Windus 20 世纪 90 年代的非小说系列 Counterblasts。兰登书屋着意将这两个非小说系列所属的 Brain Shots 数字品牌打造成"数字领域出类拔萃的高质量非小说系列品牌"。[2]

兰登书屋的电子书是与它的纸质书业务协同开展的。当它在获得具有畅销潜力的作品后，充分发挥传统出版商的优势，主动与作者沟通并迅速签约，同时获得纸质书和电子书的双重出版权，通过多角度、多途径积极推广两种版本的图书。电子书生产方式有助于其在数字出版市场形成集中优势，从而在发挥原有品牌效应的基础上不断聚拢更多优秀作者和内容资源。对于经济效益并不理想的产品项目，也可以及时发现问题做出战略调整。[3]

（2）原创电子书的开发

除了在版图书的电子化外，兰登书屋还开始开发即时电子书。其实早在 2000 年 1 月，兰登书屋就出版了 20 本以 At Random 命名的系列电子书，

1. 修安萍. 美国大众出版社之转型研究 [D]. 武汉：武汉理工大学，2012：34-35
2. 刘艳，徐丽芳. 兰登书屋数字化发展研究 [J]. 出版科学，2012，（1）
3. 王雨，张新华. 兰登书屋的数字业务支柱 [J]. 出版参考，2013，（16）

其后，兰登书屋风投有限公司购买了新兴的在线出版网站 Xlibris 49% 的股份。Xlibris 是一家为网络出版提供技术支持和销售服务的网站。个人作者可以借由它提供的平台实现在线出版。Xlibris 采用先进的出版理念，以作者所付费用为依据给予分层次的自助出版服务。2011 年，兰登书屋与政治新闻网站 Politico 合作出版即时电子书。4 本系列电子书将即时向读者通报 2012 年总统竞选的过程，每本大约 20000-30000 字。同时，兰登书屋打算扩大佳酿（Vintage）的 Brain Shots 数字品牌系列。2011 年 7 月，发布 5 本定价为 2.99 英镑的万字 Summer of Unrest 叙事性非小说系列电子书，包括英国《卫报》记者丹·汉克斯（DanHancox）的《被点燃的年轻人》、彼特·博蒙特（PeterBeaumont）的《革命之路》等。这些电子书的作者都是在网上非常活跃的记者，依靠他们所在的媒体组织可为该系列电子书拓宽宣传渠道。作为将新闻调查转化为书籍形式的创新之举，兰登书屋为世界范围内热爱阅读的读者提供来自各大媒体的热门文章，既延长了新闻报道的生命力，也能在读者当中确立良好口碑。[1]

3.1.2 跨媒体出版

（1）开发有声图书

有声书是兰登书屋进入较早的一个领域，由其旗下的兰登书屋有声出版集团（Random House Audio Publishing Group）专门经营。该集团主要由兰登有声书公司（Random House Audio）和聆听图书馆公司（Listening Library）组成。相比于电子书，有声书是兰登书屋更早进行精耕细作的领域。早在 1999 年 7 月，兰登书屋便收购了有声书公司聆听图书馆（Listening Library），并将其打造成为兰登书屋有声出版集团（Random House Audio Publishing Group）旗下的儿童有声书系列出版商。如今兰登书屋有声出版集团已成为有声书行业卓越的出版商，每年出版的有声书超过 300 种。2010 年，兰登书屋有声出版集团与有声书公司 AudioGo 达成合作协议推出一份新的有声书单，每年大约有 70 种有声书在这份书单上，数以百计的珍贵录音资料和图书也将首次以可供下载的数字版形式推出。[2] 兰登书屋有声出版集团确立了有声读物的细分种类，划分出包括艺术、电脑、教育、科学、

---

1. 刘艳，徐丽芳. 兰登书屋数字化发展研究 [J]. 出版科学，2012，（1）
2. 刘艳，徐丽芳. 兰登书屋数字化发展研究 [J]. 出版科学，2012，（1）

宗教等在内的 43 种有声书类型。与精装书出版一样，兰登书屋的有声书业务拥有各种各样的书系，读者可以购买删节版、未删节版、CD 或是可下载的有声读物。"哈利·波特系列"作为"青少年小说"类的经典作品吸引了大批目标读者，扩大了有声读物的销售额。凭借"哈利·波特系列"电影和纸质书在全球范围内的影响力，兰登书屋有声出版集团推出的该系列有声读物也顺利获得广大哈迷的青睐。[1]

为了刺激有声读物销售增长，兰登书屋还率先对个人读者市场开放数字版权加密保护措施。2007 年秋天，兰登书屋有声出版集团在 eMusic.com 推行了一项无数字版权保护措施的发行测试。该测试的目的并不在于证明盗版现象的存在，而在于探索无数字版权保护措施的发行行为与盗版情况的增加之间是否存在必然联系。出于追踪目的，兰登书屋在 eMusic 的文件中加入水印，并且定制了一项盗版监察服务以便当主要的文件分享网站出现兰登书屋的有声读物时可以及时向公司汇报。结果表明，那些盗版公司的有声书文件大多来自 CD 或是先前受数字权利管理系统（Digital Rights Management，DRM）保护而后被黑客攻破技术限制的有声书。这一发现促使兰登书屋在 2008 年 3 月放弃了个人读者市场的大部分有声书的 DRM 措施，不再要求其合作的零售商在出售可供下载的有声书时使用 DRM 措施。不过作为公司日常业务管理的一部分，兰登书屋仍会继续监测文件共享网站的动态。[2]

（2）开发游戏

兰登书屋通过对大众市场上畅销的优势内容资源进行多角度开发，进入游戏和其他娱乐型媒介领域，实现资源优化配置。

2010 年，兰登书屋出版集团成立了新的知识产权创造与发展集团（IP Creation and Development Group）。该集团主要负责与集团外的媒体公司合作推出能够被视频游戏、社交网络、手机平台等共享的原创故事内容。同时，为增强媒体公司现有知识产权内容的世界性与故事情节性，集团还会对他们给予编辑服务支持。故事情节主导的游戏背后需要拥有精湛写作技巧的团队提供情节线索、人物角色和对话，否则将无法带给玩家称心的

1. 王雨，张新华. 兰登书屋的数字业务支柱 [J]. 出版参考，2013，（16）
2. 刘艳，徐丽芳. 兰登书屋数字化发展研究 [J]. 出版科学，2012，（1）

游戏体验。兰登书屋的 Del Rey 图书系列聚拢了一批优秀的科幻小说作者，可以为游戏的故事情节设计提供有力支持。为了给视频游戏提供原创内容，兰登书屋还在集团内组建了一支专门队伍，负责向正在开发游戏的作者提供意见和建议。流畅的故事情节会对玩家产生巨大的吸引力，富于故事性的游戏过场动画将会给玩家带来新奇的体验。2011 年，兰登书屋与视频游戏出版商 THQ 达成合作协议，开发共享的知识产权。两者的合作愿景是使用多平台打造缤纷的游戏世界和精彩的角色，为世界范围内的用户提供跨媒介传播的故事内容。他们的计划是先开发一批新的以游戏和书籍承载的知识产权作品，然后再向其他媒介形式扩展。

兰登书屋的商业决策者认识到传统书业正面临一场变革，但是数字出版的发展前景仍不清楚。在此背景下，避免核心业务衰退的有效途径便是多元化经营。这也正是兰登书屋目前所实践的。[1]

（3）进入影视界

除了游戏领域外，兰登书屋还借助于贝塔斯曼集团的跨媒体经营优势，开始向影视界拓展。2005 年，兰登书屋宣布与福克斯电影公司联合，成立了电影制作部门"兰登书屋影业"（Random House Films）。该部门多年来与福克斯电影公司形成了唯一合作伙伴关系。这些电影以兰登书屋在北美和世界市场上的作品作为故事蓝本。两者共同参与电影脚本开发、导演甄选以及制作、宣传营销的所有过程，共享与相应图书匹配的电影权利与收入，但福克斯公司享有电影的世界发行权以及销售权利。2006 年 6 月，兰登书屋又收购了英国 BBC 图书出版公司（BBC Books），后者成为兰登书屋（英国）公司旗下伊伯里出版部门（Ebury Publishing Division）的一部分。BBC 图书出版公司主要出版 BBC 电视节目的相关书籍。例如2013 年 8 月 19 日，美食网（Food Network）协同兰登书屋电视（Random House Television），兰登书屋演播室（Random House Studio）的子部门与塔瓦纳（Tavola Productions）制作公司合作，宣布基于艾米·希能（Amy Thielen）由皇冠出版集团旗下的克拉克森·珀特出版社（Clarkson Potter/Publishers）即将于 2013 年 9 月 24 日出版精装本和电子本的图书《美国中西部新食谱：200 道中心区域的美食》（THE NEW MIDWESTERN TABLE:

---

1. 刘艳，徐丽芳．兰登书屋数字化发展研究 [J]．出版科学，2012，（1）

200 HEARTLAND RECIPES）制作和发布新的电视节目中心区域食谱（HEARTLAND TABLE），该节目将于 2013 年 9 月 14 日上午 10 点半在"美食网"首发。[1] 图书与电影立体出版的形式有助于巧借电影的独特传播途径，营造内容的全球轰动效应。

3.2 数字化内容传播策略

兰登书屋采用多平台的方式传播其数字内容。兰登书屋本身自建了电子书销售平台，读者可以通过该平台网络购书。除此之外，其电子书还可以通过各种电子阅读设备获取，包括 RIM 的黑莓、亚马逊的 Kindle、巴诺的 Nook，个人电脑、苹果电脑、苹果手机以及各种平板电脑，包括 iPad、Kindle Fire，以及 Nook Tablet。其电子书在亚马逊 Kindle、谷歌、苹果的 iBookstore、Kobo、Nook 等多个电子书销售平台销售。读者在官网中任意选取一本电子书后点击进入，页面将会显示可购买此电子书的平台链接。读者可以根据使用的阅读设备来选择相应的电子书供应商。在阿歇特、西蒙 & 舒斯特、麦克米伦等大众图书出版商迟迟不敢放开电子书图书馆配市场的时候，兰登书屋早在 2011 年就开始向图书馆销售电子书。对于加拿大图书团购机构如图书馆、学校来说，借由兰登书屋加拿大公司与 OverDrive 的合作，它们可以获得兰登书屋提供的数以千计的电子书。这些电子书均来自麦克利兰 & 斯图尔特公司（McClelland & Stewart）以及兰登书屋加拿大公司。OverDrive 是提供电子书、有声书、音乐与视频全方位服务的数字分销商。在 OverDrive 以及 Windows、Mac、iPod、iPhone、iPad、Sony Reader、NOOK、Android 以及黑莓等平台的支持下，团体购买机构所属的读者可以大量阅读兰登书屋加拿大公司推出的电子书。用户也可以通过 OverDrive 的免费应用程序，从图书馆直接下载 EPUB 格式的电子书或者 MP3 格式的有声书到自己的 iPhone 或 Android 客户端。[2]

为了与亚马逊竞争，兰登书屋还与阿歇特图书出版集团、西蒙 & 舒斯特公司共同建立了图书推荐平台 Bookish。Bookish 于 2013 年 2 月正式投

1. Random House. media & publicity [2014-7-2]http://www.randomhouse.biz/media/publicity/files/2013/09/Heartland_PressRelease1.pdf
2. 刘艳，徐丽芳. 兰登书屋数字化发展研究 [J]. 出版科学，2012，（1）

入运营。除了以上三大出版商之外，Bookish 还有其他 28 家合作伙伴，如哈珀·柯林斯、霍顿·米夫林－哈考特、独立出版商集团、麦格劳－希尔、企鹅出版集团、培生教育、普林斯顿大学出版社、《今日美国》和开路媒体公司（OpenRoad Media）等。Bookish 的图书数据库一共收藏了 27 万余种图书，横跨 18 个类别。Bookish 反映了兰登书屋及其竞争对手与时俱进、勇于尝试，与竞争对手合作以实现互惠互利目标的新思路。[1]

　　为了更好的利用多平台传播渠道销售自己的数字内容，兰登书屋还非常谨慎的力争与各大平台建立良好的合作关系。例如 2010 年苹果与各大出版集团策划电子书代理制时，唯兰登书屋按兵不动，其后，六大大众出版集团中，也唯有兰登书屋逃过了美国司法部的反垄断和操纵电子书价格的指控。

3.3　数字化内容价格策略

3.3.1　个人读者市场：以价值为基础的低价策略

　　兰登书屋针对不同的渠道采用不同的价格策略，针对个人读者市场，为了吸引更多的读者，扩大电子付费阅读市场，其采取的是以价值为基础的低价策略。早在 2000 年 1 月，兰登书屋出版了 20 本以 At Random 命名的系列电子书。所有电子书均在线销售或按需印刷平装本，都不在实体书店出售。兰登书屋以大众平装本的标准价格出售这些电子书。这些书若以电子书形式售出，作者将获得占定价 15% 的版税；若按需印刷，作者获得 7.5% 的版税。兰登书屋还像学术出版社积极做内容集成，按主题划分，将不同的作者创作的内容以章节形式销售。兰登书屋的数字出版项目 Brain Shots 在 2011 年 7 月推出了"躁动的夏季"主题系列，出版了《卫报》、《观察家报》等报社记者就有关英国骚乱、中东局势和世界各地动乱本质进行评论的电子书。值得一提的是，这 4 本非小说都只推出电子书，不出纸本书，最初制定的销售价格是 5.11 英镑[2]。其后，通过与零售商的沟通，其调整该系列的销售价格，定为 2.99 英镑，这个价格更能得到读者的认可，不贵，而且也能反映作者作品的价值。

---

1. 徐丽芳，唐翔 . 图书推荐平台 Bookish[J]. 出版参考，2013，（11）
2. 渠竞帆 . 兰登书屋数字项目热衷"小容量"电子书 [N]. 中国图书商报，2011-8-26（001）

3.3.2 团体读者市场：以类别为基础的高价策略

在6大出版商中，企鹅图书公司、阿歇特、麦克米伦等四家公司相对保守，在2013年以前，只有兰登书屋和哈珀·柯林斯向图书馆销售其电子书。兰登书屋2011年开始图书馆电子书销售业务，刚开始价格定得较低，而在经过了详细的市场调研后，2012年2月2日，兰登书屋就宣布了要对馆配电子书提价，并于2012年3月1日起施行。并公布了几类不同图书的定价标准：其中，同时有精装版纸本新书在售的电子书定价为65-85美元；精装版已经出版了几个月，或者通常同步发行平装版纸本书的电子书的定价为25美元-50美元；有精装版纸本书在售的儿童类新书的电子书定价为35-85美元；老一些的儿童书和平装版童书的电子书定价为25-45美元。这个价格是原电子书价格的3倍[1]。之所以针对图书馆市场采取高价策略，主要是因为图书馆会对其电子书销售造成负面影响，然而，图书馆又是非常重要的电子书市场，因此，为了在二者之间获得平衡，兰登书屋针对可能会对电子书和印刷图书销售造成的影响的不同，采用以类别为基础的高价策略。

3.4 数字化内容营销策略

3.4.1 为作者提供各项服务

内容是出版业的核心，而作者是内容的创造者，因此，为了让作者创作更好的内容产品，兰登书屋为其作者提供了各项服务。

很多作者对电子图书的技术不很熟悉，对各种格式的转换等繁琐工作也非常无措，兰登书屋主动承担这部分工作。除此之外，兰登书屋还会在一开始就引导其作者，在创作纸质图书的同时，努力收集图片、音频、视频素材，并根据阅读终端的特性，组织、编辑、展示内容，为其电子版本的开发做好充足的准备。针对自助出版的作者，兰登书屋还帮助作者凭积极拓展电子书渠道，为作者，同时也为兰登书屋自身创造更多的价值。兰登书屋还为作者提供数据共享服务。在2013年3月兰登书屋推出了一个一站式作者门户网站，该网站向成千上万的兰登书屋作者提供有关他们作品的销售、版税及附属权利交易等信息。通过这个作者门户网站，曾经在兰登书屋成人和儿童出版部门出版过图书的作者以及他们的代理人，可以获

---

1. 李丽. 馆配市场电子书为何涨价？[N]. 中国图书商报，2012·3-9（007）

取每周销售数据，以及过去十年里他们图书的销售情况等等。作者还可以获取可下载的版税声明，由出版商代表作者进行的一系列附属权的交易。另外，作者可以借助大量的工具来扩大他们的用户群，支持他们通过社交网络与读者交流。其中有一个颇具特色的定制营销工具，作者可以将购买图书的链接嵌入到他们的 Facebook 页面上。除此之外，该门户网站还定期为作者们推送书业新闻，作者有机会以较大的折扣购买兰登书屋重点新书和旧版书。[1] 兰登把消费者行为分析和读者营销，当作作者服务非常重要的一项工作。因为通过一些工具和数据分析，相比较其它图书出版公司，其可以让作家和越来越多的读者联系起来。兰登还开始注重帮助作者探索所有可能的收入来源和途径。如给作者提供演讲代理服务，帮作者安排收费演讲活动，或者安排其他收费活动。所有的这一切，都是为了让作者确信，兰登书屋是其最好的合作伙伴。[2]

3.4.2 利用社会化媒体，加强读者营销

社会化媒体（Social Media），也称为社交媒体、社会性媒体，指允许人们撰写、分享、评价、讨论、相互沟通的网站和技术，其允许大批网民自发贡献，提取，创造新闻资讯，然后实现传播。社会化媒体正以几何式的增长势头发展，也成为出版商宣传其内容产品的重要平台。兰登书屋也在社会化媒体兴起伊始，就在 Facebook、Twitter、YouTube 等著名社会化媒体平台开设自己的"社区"，与读者进行互动、交流。兰登书屋在建立社交网络时，坚持以读者为中心的原则，根据不同细分的目标读者群，建立不同的网站用以吸引他们的目光并为不同读者提供网络交流平台，根据用户的反馈意义及时更新内容。由于报纸上的图书评论逐渐减少和流失，影响力也日渐萎缩，兰登书屋会针对用户意见进行数据分析，明确地了解自己的读者群，通过较低的成本接近他们，鼓励读者给他们留言、提建议，实现互动、售书和营销的多元化平台。2009 年，兰登书屋正式进驻 Facebook，进入 Random Read 后，读者点击图书封面就可以阅读该书的部分章节和内容，获取作家介绍及相关信息，并可以把这些内容以电子邮件的方式和朋友共享。此外读者还可以自由使用图书封面，例如设置个人肖像、壁纸等。

---

1. 胡昌华. 电子书出版策略 [J]. 出版参考，2014，（5）
2. 百道网. 兰登书屋的全球出版和数字化进程 [EB/OL]. [2014-6-30] http://www.bookdao.com/article/50725/

兰登书屋在网上创建自己的页面，向读者介绍旗下某本图书的内容和定价，读者可通过这一界面与作者对话，摘取书中的一些精彩内容与与其他读者共享，这是兰登书屋进行营销的最佳方式。由于摘抄出来的内容都比较短小，所以十分便于阅读和传播。一旦作者在 Facebook 上的"粉丝"与别人分享了这些内容，那实际上就起到了宣传和营销的作用。

同时，兰登书屋在 Twitter 上开通了账号，截止 2014 年 6 月，相比其他大众出版商，兰登书屋拥有最多 twitter 粉丝数。2009 至 2012 年，兰登书屋相继启动了读者社交网站 Readerplace(www.readerplace.co.uk)，宣布与苹果应用软件开发平台 Mobile Roadie 共同合作。[1]2013 年 11 月 14 日，兰登书屋宣布与图片分享网站 Pintrest 合作，使用服务"第一组应用程序编程结构"（first set of APIs（first set of application programming interface），帮助人们发现流行的内容。这一合作使得兰登书屋可以将独特的 Pintrest 整合到其官方网站中，让访问者发现一个网站的目前最受关注的图片 / 内容。Randomhouse.com 是第一个展现这项特征的网站，未来兰登书屋集团的其他网站也会迅速运用这项服务。对 Pintrest 的整合为兰登书屋网站提供了更加丰富的经验。Randomhouse.com 的访问者将会通过 Pintrest 活动更快的发现最受欢迎的图书和作者，如果他们发现了他们喜欢的内容，他们可以直接将图片发布到 Pintrest 平台上。2014 年 1 月 8 日，兰登书屋，著名作家将会撰写 140 字的故事邀请其他人在 2014 年 3 月 12 日到 16 日间加入到他们的行列，参加推特小说节的主题活动（#TwitterFiction Festival）。这个主题活动 2012 年开始主办，2013 年是第二次。该活动允许知名作者和新作者利用该平台的功能创作微博小说。该活动由美国出版商协会（@AmericanPublish），企鹅兰登书屋集团（@PenguinRH_News）以及推特（@Twitter）共同发起。该活动也得到了很多作者的支持。来自美国出版商协会成员出版商的 20 多位作者参与到 3 月份为期 1 周的活动中。#TwitterFiction Festival 允许给所有人在推特上将故事和创作微小说的机会，同时这些作者还将公平竞争。[2]

1. 修安萍 . 美国大众出版社之转型研究 [D]. 武汉：武汉理工大学，2012：34-35
2. Random House. media & publicity [2014-7-2]http://www.randomhouse.biz/media/publicity/files/2013/09/Heartland_PressReleasc1.pdf

4. 结语

2012 年 10 月 29 日，英国出版与教育巨头培生集团 (NYSE：PSO) 与德国最大传媒集团贝塔斯曼 (Bertelsmann) 周一宣布，同意将两公司旗下的企鹅出版集团 (Penguin) 与兰登书屋 (Random House) 合并，成立企鹅兰登书屋集团。这一合作是为了应对数字时代的剧烈变化和打算扩大在发展中国家的投资。比如，为了增加数字图书的出版，扩大数字读者的数量，构建创新制作与流通的模式，以从电子书革命的领导者、科技巨头亚马逊和苹果手中收复失地。在数字化技术的冲击下，以兰登书屋为代表的传统大众出版企业面临着巨大的挑战，但是，无论出版业走向何方，内容始终是出版业的核心，也是科技巨头无法取代的核心竞争力。因此，尽管兰登书屋在数字化发展策略中，其实也有过很多失败的实验，数字版权的属性和内容产业的商业模式也尚不明朗，但是相信只要把握住了内容这一核心，以兰登书屋为代表的大众出版企业一定会走出一条适合自己的发展道路。

参考文献：

[1] Random House .About us[EB/OL].[2014-7-1] http://www.randomhouse.com/about/history.html

[2] Random House.Facts and Figures[EB/OL].

[2014-7-4]http://www.randomhouse.biz/about/factsandfigures/

[3] Random House. media & publicity

[2014-7-2]http://www.randomhouse.biz/media/publicity/files/2013/09/Heartland_PressRelease1.pdf

[4] 修安萍 . 美国大众出版社之转型研究 [D]. 武汉：武汉理工大学，2012：34-35

[5] 练小川 ."兰登"+"企鹅"的幽默 [J]. 出版参考，2012，（22）

[6] 刘艳，徐丽芳 . 兰登书屋数字化发展研究 [J]. 出版科学，2012，（1）

[7] 王雨，张新华 . 兰登书屋的数字业务支柱 [J]. 出版参考，2013，（16）

[8] 胡昌华.电子书出版策略 [J].出版参考，2014，（5）

[9] 徐丽芳，唐翔.图书推荐平台 Bookish[J].出版参考，2013，（11）

[10] 李丽.馆配市场电子书为何涨价？[N].中国图书商报，2012-3-9（007）

[11] 渠竞帆.兰登书屋数字项目热衷"小容量"电子书 [N].中国图书商报，2011-8-26（001）

[12] 百道网.兰登书屋的全球出版和数字化进程[EB/OL].[2014-6-30] http://www.bookdao.com/article/50725/

法国阿歇特出版集团
数字化转型的举措及其面临的困境

1. 集团简介

　　法国阿歇特出版集团（Hachette Livre），隶属于法国拉加代尔（Lagardère）集团，由路易斯·阿歇特（Louis Hachette）在1826年创建，现为法国第一大出版集团。如今，阿歇特集团汇集了覆盖整个消费图书市场的多个知名出版商，具有多样性、独立性和卓越的盈利能力。阿歇特出版集团是一系列出版商的集合，包括文学出版、教材出版以及旅游手册和美食图书出版等。这些出版社都是独立运作的，也分别建立起了自己独有的特色。

2. 集团收益构成和业务构成

2.1 集团收益构成

　　2013年，集团总收益为20.66亿欧元，其中纸质书销售下降了1.3%，但是电子书销售增长了36.8%。其旗下有150多家出版社品牌，覆盖文学、教育、图册、童书、词典和百科全书等出版门类。其有6935名员工，其中40%讲法语，35%讲英语，14%讲西班牙语。阿歇特2013年一共出版了16452种新书，其收益占集团总收益的50%。2013年，其地区收益比例如图1所示。

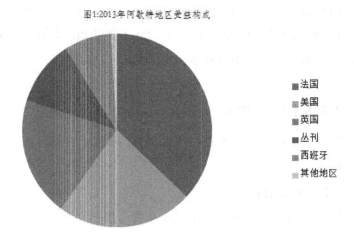

图1:2013年阿歇特地区受益构成

如图1所示，2013年，阿歇特地区收益中，法国37%，美国23%，英国20%，丛刊11%；西班牙8%，其他地区1%。

2013年，阿歇特不同业务收益比例如图2所示。

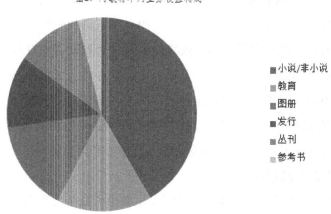

图2：阿歇特不同业务收益构成

如图2所示，2013年，阿歇特的各项业务中，以小说／非小说为代表的大众图书业务所占比例最高，达到41%。教育出版业务所占比例次之，达到16%；图册出版业务收益与教育出版业务收益相近，达到15%；另外发行业务占总收益的12%，丛刊占总收益的11%，参考书占总收益的4%，其他占 1%。因为阿歇特采取了全球化的发展战略，因此，其员工也来自世界不同地区，其中法国员工数量为 2786，英国员工数量为 1451；美国员工数量为 942；西班牙员工数量为 923；世界其他地区员工数量为 833。

阿歇特的总收益在 2005 年 -2010 年经过了一个快速增长时期，从 16.44 亿欧元上升到 22.73 亿欧元。2011 年开始，其收益开始缓慢下降，2013 年，其收益逐渐下降到 20.66 亿欧元。

2.2 集团业务构成

阿歇特出版集团主要由三大业务部门构成，出版、发行和丛刊。具体情况如下：

2.2.1 出版部门

阿歇特旗下有 150 多家出版社品牌，包括文学、教育、图册、童书、词典和百科全书等等。2013 年，出版了 16452 种新书，其收益占集团总收益的 50%。其主要市场包括法国；英国、爱尔兰、澳大利亚、印度；美国，加拿大；西班牙、拉美；新兴市场，主要是亚洲市场。其通过并购当地的出版社和在当地建立代表处实现对这些地区市场的渗透。

2.2.2 发行部门

出版离不开发行。出版也是将图书在正确的时间和正确的渠道，包括连锁书店、独立书店、超市或其他渠道传送到读者的过程。阿歇特发行中心可以处理数十万种图书的分销，还可以存储上亿本图书。其分设了几个发行中心：阿歇特法国、比利时、瑞士、加拿大图书发行中心；阿歇特英国图书发行中心；阿歇特美国图书发行中心；阿歇特澳大利亚、阿歇特新西兰图书发行中心；阿歇特国际图书发行中心和阿歇特西班牙图书发行中心。

2.2.3 丛刊部门

丛刊部门是连续出版物的集合，主要由大众杂志和收藏品（包括小雕像、收藏品或组装模型组成）构成。他们为消费者提供建立完整收藏某个主题的商品的机会。丛刊部门销售的杂志，由以社区为基础的销售渠道（报刊亭）或订阅的方式发行。这些收藏杂志，通常会根据不同的市场需求，为全球多个国家提供一些收藏对象。他们以业余收藏者和鉴赏家为目标对象，已经吸引了数百万的多个主题的收藏者，例如泰坦尼克（Titanic）、古董车、编织艺术品等。阿歇特在1988年通过收购西班牙的沙威（Salvat）开始投资建立丛刊部门，其后，1995年，建立了阿歇特收藏。如今，其出版16种语言的产品，在36个国家建立了分支机构。

3．数字化转型的举措

阿歇特出版集团是全球较早实行数字化转型的传统出版集团之一，目前集团实现数字化的图书共有49000种。阿歇特在数字化转型中，主要采取了以下举措：

3.1 关注质量，着眼可持续发展

面对互联网巨头野心勃勃的进攻、图书零售业的整合以及电子阅读器的出现等诸多挑战，阿歇特出版集团也在积极进行数字化转型。在转型中，阿歇特出版集团并未因为数字化出版的便利、出版成本的降低而放松对质量的追求，而是像印刷时代一样，坚持着较高的质量标准，确保其出版商拥有可以同时满足读者和作者期待的资源，并创新性的预见到未来的读者需要怎样的阅读体验。对质量的关注，有助于阿歇特出版集团的可持续发展，可持续增长意味着其每一本书的出版，不论是何种介质，都能够实现其真实价值。阿歇特出版集团在数字化转型的过程中，不是计较一时收益的增减，而是着眼长远。一方面，加大其电子书店的技术投入，确保读者的账户信息安全和购书、在线阅读的体验；另一方面，其在图书数字化的过程中，不是简单的格式调整，而是会重新编辑，新增图片、视频等更适合电子阅读的元素，制作真正的电子书。不论内容载体和格式发生什么样的变化，其最核心的宗旨都是一样的：给读者提供最好的作品。此外，为防止低价电子图书出版对印刷出版物市场的冲击，阿歇特鼓励出版那些不易转化为电子形式的图书，如高质量的绘本、套装书籍、著作集、连环画等，以实现传统市场与数字市场的均衡发展。这虽然增加了集团数字化转型的成本，但是对企业的可持续发展却是有利的。

3.2 注重管理，多平台销售电子书

面对数字图书阅读设备（平板电脑、电子书阅读器、智能手机）的日益流行，阿歇特试图优化其作者赋予它的权利，提供一系列有吸引力的电子书满足读者需求。因为将出版的图书数字化并扩大其在整个零售网络的传播渠道是集团的战略重点，所以阿歇特采用了多平台销售策略销售自己生产的电子书。其一方面建立了自己的电子书店，另一方面还通过其他销售地区最重要的电子书销售平台销售其电子书。例如目前阿歇特图书出版集团的 6000 多种电子书同时在美国最重要的电子书店，如亚马逊（最近和亚马逊的合作发生了一些变化）、苹果、科博（Kobo）、巴诺、谷歌娱乐（Google Play）等电子书销售平台销售。在英国，目前阿歇特英国向各大电子书平台提供 20000 多种电子书，在法国，其可供销售的电子书数量就更多了，达到 23000 多种，除了自建电子书店外，都通过当地多个重要电子书销售平台销售。亚马逊在电子书销售的过程中还非常注重管理，阿歇特的数字资产管理系统基于国际数字出版论坛确立的数字出版标准文件格式 .epub。该格式目前已经成为电子书的主流格式，对于统一电子书文件格式、降低成本、降低版权起到过重要作用。阿歇特出版集团是全球第一个使用最新标准的出版集团。因为其认为数字图书也同样需要发行，因此为其建立了特定的专业知识和基础设施，例如其建立了数字资产发行／分配系统（The Digital Asset Distribution system，简称 DAD），该系统是一个集中存储和传递电子书的数字仓储，包括进销存和退货的数字化管理流程的构建，使其成为图书价值链的重要战略链节点。DAD 项目由美国、法国、西班牙和英国的团队协作研发，其是阿歇特在其所有主要市场中建立的第一个统一运作的数字资产管理系统。基于该系统平台，阿歇特得以在没有国界和语言障碍的条件下向全球销售其作者的图书。对于新出版的图书，在出版纸质版本的同时推出数字版，选择性地把过往出版的旧书数字化，实现所有数字图书格式的标准化，使其能够与全球市场上的所有数字平台兼容。除了对数字资产进行管理外，阿歇特出版集团还非常注重版权的保护。2011 年 12 月，阿歇特与美国网络监控公司 Attributor 签署协议，以实现出版商控制其图书数字化的权利，为作者与出版商争取更大的商业价值，

以打击各种盗版图书的出版。阿歇特希望通过先进的技术手段确保版权、预防盗版以保护图书贸易的长期前景。

3.3 注重合作

阿歇特出版集团还非常注重合作。阿歇特出版集团在数字化过程中，首先是非常注重集团内部的合作，包括出版部门和发行部门之间，以及传统出版部门和数字产品部门之间的合作。其旗下的这 150 个出版品牌在数字化转型的过程中也通过技术、资源、管理等各种资源的合作实现协同效应，降低成本。除了加强企业内部的合作外，阿歇特出版集团还非常注重与外部企业的合作。例如 2010 年 11 月 17 日，阿歇特图书出版集团就宣布与美国谷歌公司签署合作协议。根据协议，谷歌将对阿歇特集团所拥有的 4 万至 5 万册绝版图书进行数字化处理，成果由双方共享。在此次双方达成的合同条款中，谷歌每个季度都会向阿歇特提交一份图书扫描的计划列表，而阿歇特则会针对每本书进行审批，有权决定将哪些书籍纳入双方合作的范围。谷歌之后会在谷歌图书平台上推出这些绝版书籍，供用户阅读和购买，但是价格由阿歇特来制定。谷歌还需要将扫描的副本提供给阿歇特，以供其他销售平台使用。双方将分享这些图书的销售收入。2010 年 5 月 19 日报道，阿歇特集团与美国数字版权跟踪软件服务商罗亚特莎公司达成合作协议，后者将全权负责阿歇特的数字销售管理工作。罗亚特莎公司总部位于美国旅游胜地圣地亚哥，在纽约等各大城市设有分部，主要为音乐制作公司等提供数字销售与版权跟踪管理软件，在美国业界享有盛誉。此次与阿歇特合作，意味着该公司已将业务扩至图书出版领域。罗亚特莎公司的数字销售管理软件恰好能解决出版商遇到的难题。此次达成的合作，将为阿歇特在数字销售管理、销售报告以及账单审计等方面提供极大的便利。

3.4 实现内容与技术有效融合

阿歇特出版集团将数字化融入出版全流程的常规工作。数字化的战略应从流程的初始开始贯彻全程，而不是在纸质图书出版之后，再"电子化"该本图书。阿歇特美国公司花费上千万元进行了适应数字化的流程再造，把之前专设的数字出版部融入每一个环节，并采用 Indesign 软件，使得变焦完成的文件可直接生成各种格式、各种屏幕的电子书。这样，一来不增加编辑负担，二来可以保证电子书同步上市，实现全媒体营销。

阿歇特出版集团还利用新的网络传播渠道和大数据技术了解其消费者行为习惯，加强与他们的联系。阿歇特借助社交网站和数字营销活动吸引消费者参与到活动中来，同时其还参与创建了 Bookish 网站，该网站将成为爱书者的交流平台，吸引一线编辑、优质内容进来，打造成为一个重要的图书营销交流平台。同时，其还把与作者合作作为工作的重中之重，努力成为作者最好的伙伴。阿歇特通过新建的 B2B 网站和即将推出的作者界面为作者和业务伙伴提供透明度和效率更高的服务。除此之外，阿歇特还利用新的数字技术更好的为其零售商服务。阿歇特已与 RoundTable 公司签署了应用软件服务（SAAS）协议，将为第三方出版社提供制作应用模板和数字发行平台的服务。阿歇特还将对库存和需求规划流程进行调整，以更高效地服务于零售伙伴，使图书在正确的时间和地点提供给消费者，大大降低退货。

3.5 低碳化发展，注重环保

阿歇特是全球首个进行碳排放评估的出版集团。2012 年 5 月，阿歇特在法国巴黎推出的全球第一本带有"碳标签"的图书正式上市。这种碳标签注明了图书纸纤维的原产地，是否回收或认证，并注明具体碳足迹。凡是贴有"碳标签"的书籍，均系使用可回收纸印刷。阿歇特还是全球率先在集团内开展能耗及碳排放评估并在年度财报中予以发布的出版集团。自2006 年起，集团首次将能源消耗情况列入每年的统计报告，定期向外公布其水、电、碳排放及汽油等消耗数据。目前，这项努力已经取得实效，阿歇特出版集团的用水量、耗电量、汽油和石油使用量等均呈下降趋势，而回收再生能耗则呈上升趋势。

4. 数字化转型面临的困境

4.1 数字化转型相对缓慢

尽管阿歇特出版集团是世界上最早进行数字化转型的传统出版集团之一，然而，其数字化转型的进程却相对缓慢。近年来其数字产品收益在总收益中所占的比重如图 3 所示。

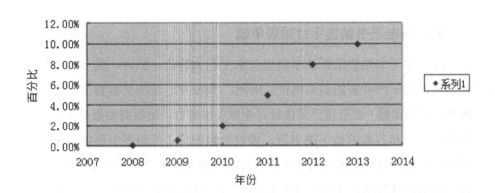

图3:阿歇特出版集团数字产品收益所占比例

如图 3 所示，阿歇特出版集团数字产品（主要是电子书）的收益尽管处于上升态势，然而，在总收益中所占比例一直偏低，直到 2013 年，才达到 10%。而其他几家大众出版集团，包括兰登书屋（Random House）、企鹅（Pengium Publishing）、哈珀·柯林斯（Harper Collins）、西蒙·舒斯特（Simon & Shuster）等，其电子书收益早在 2012 年就纷纷突破总收益的 20%。阿歇特出版集团是五大出版集团中唯一一家电子书收益占总收益比例低于 10% 的大型大众出版集团。

4.2 创新动力不足

如前所述，阿歇特出版集团在数字化转型的过程中非常注重出版物的质量和阅读体验，也非常注重版权的保护。这些举措基本都是其在传统印刷出版时代就已经树立的原则，运用到数字化转型的举措中，不能说不恰当，但是却会禁锢其转型思维，使其创新动力不足。我们看到，阿歇特数字化转型的思维，基本还是印刷时代的思维，只是简单的添加了技术元素。其所出版的电子书，基本均为印刷图书的数字化产品。在新的大众电子书消费模式兴起的情况下，阿歇特一直都只是这些新的商业模式的追随者，而从未开创过新型的商业模式，甚至对于新型商业模式的运用，也过于谨慎。例如，近年来自助出版热潮席卷西方出版业，除了露露网（lulu.com）、作者之家（Author House）、亚马逊等电子商务企业纷纷建立自助出版业务外，企鹅、兰登书屋也纷纷开设了这一业务，但是阿歇特却一直没有开展这种业务。

4.3 与电子书销售平台频现争端

因为电子书销售给纸质书销售带来了巨大冲击，同时，这一合作模式让出版商处于产业链的弱势地位，因此，2009 年，法国阿歇特出版集团首席执行官阿诺德·诺里接受采访时对业界发出警告，出版商如果受制于亚马逊的电子书和谷歌的数字图书馆，被迫大幅削价，纸质图书可能会被逼上绝路。其后，阿歇特图书出版集团联合美国四大出版商——西蒙·舒斯特公司、哈珀柯林斯出版集团、企鹅出版集团以及麦克米伦出版公司联手制定了新的价格联盟，转而与苹果合作，采用代理制定价模式。然而，代理制定价模式却受到美国司法部的反对，被控"合谋操纵电子书定价"、"违反了反垄断法"而宣告破产，这五家出版商和苹果也被判对遭受损失的读者给予补偿。这一争端刚刚落下帷幕，2014 年，阿歇特出版集团再次卷入与亚马逊的电子书交易条款争端中，亚马逊还对阿歇特采取图书下架等"恐吓"手段。尽管作为第一家与亚马逊谈判的出版社，很多传统出版商都支持阿歇特一定要站稳自己的立场，直到下一个出版社也与亚马逊进入谈判。然而，作为第一家与亚马逊发生争端的出版企业，阿歇特很有可能成为牺牲品。尽管除了亚马逊外，读者还有很多渠道可以购买到阿歇特的电子书。然而，亚马逊毕竟是全球最大的电子书销售平台，与其发生争端，失去这一重要电子书销售平台，对于阿歇特电子书的销售肯定会有不利的结果。

参考文献

[1] The Lagardère Group. SUSTAINABLE DEVELOPMENT REPORT (2008-2013) [R/OL].[2014-6-26] http://www.lagardere.com/sustainable-development-280.html

[2] Hachette Livre[EB/OL]. [2014-6-24]http://www.hachette.com/en/about-us/digital

[3] 吴锋, 陈雯琪. 法国阿歇特出版集团最新动态及经营模式 [J]. 出版发行研究, 2014, (2)

[4] 谢山青. 美国大众出版的数字化现状与启示 [J]. 出版广角, 2014, (1)

[5] 朱晓云, 许鹏. 被指侵害法国版权所有者利益的"特洛伊木马": 阿歇特与谷歌签署图书数字化协议遭质疑 [N]. 中国文化报, 2010-11-30 (004)

[6] 石雨畋. 阿歇特与软件服务商开展数字销售合作 [N]. 中国新闻出版报, 2010-5-31 (009)

[7] 朱珊. 传统出版商不能向电子书零售商单方定价妥协 [N]. 中国新闻出版报, 2009-9-2 (003)

[8] 渠竞帆. 亚马逊电子书交易条款"恐吓策略"备受德法关注 [N]. 中国出版传媒商报, 2014-6-10 (001)

培生教育出版的数字化发展战略研究

1. 集团发展历史

培生集团（Pearson）1844 年成立于英国伦敦，于 20 世纪 20 年代和 60 年代分别收购了《金融时报》（Financial Times）和朗文出版社（PublisherLongman），正式进入出版业，并开始对出版行业进行战略规划。与此同时开始了与文化相关的混业经营。在 2000 年以前，培生集团专注于教育板块的出版资源并购。公司以朗文出版社为基础，成立了培生教育集团（Pearson Education），作为教育类图书资源聚合平台。1988 年并购数学和科学出版商爱迪生韦斯利（Addison-Wesley），1996 年收购学校和大学教育出版商哈珀柯林斯（Harper Collins）的教育出版部门，1998 年并购西蒙舒斯特的教育出版部门，延伸公司教育出版的产品线等。公司在 2005-2008 年期间，通过大量不相关资产的剥离与数字出版项目的并购，逐渐实现了图书出版专业化的发展道路；在 2010-2012 年的非教育出版资产的剥离，和有关教育出版衍生产品资产的一系列并购，确立了公司教育出版的专业属性和全产业链产品系列化经营，将公司打造成为先进的教育出版商；在 2003-2012 年期间，通过相对平稳的内部投资方式，实现了企业信息化和数字化能力的提升。经过多年的积累，培生集团积累了 100 多个教育出版品牌，如斯科特·福尔斯曼（Scott Foresm. an）、普伦蒂斯·霍尔（Prerltice Hall）、阿林和培根（Allyn & BaCotl）、爱迪生·韦斯利（Addison-Wesley）、西尔弗·伯德特和吉恩（SilVer Burdett & Gim）、朗文（Longman）、本杰明·

卡明斯 (Benjamin Cummings) 和麦克米伦 (Macmillan) 等。

2. 集团简介

目前，培生集团是世界领先的学习公司，在全球 80 多个国家一共有 4 万多名员工辛勤工作，帮助各个年龄阶段的人通过学习获得更好的生活。其向教师和学生提供材料、技术、评估和服务帮助世界各地的人们达到更好的生活目标，充分发挥其潜力。旗下包括培生北美教育集团（North American Education）、培生国际教育集团（International Education）、金融时报集团（The Financial Times Group）。2013 年，培生在其各个主要市场都有较大的收益增长。2013 年，剥离企鹅出版集团的业务收入后，其销售额达到 52 亿英镑，增长了 2%。2013 年，其北美地区销售额达到 30 亿 8700 万英镑，占总销售额的 60%；欧洲地区销售额达到 10 亿 6200 万英镑，占 21%，亚洲达到 6 亿 3800 万英镑，占 12%。其他地区为 3 亿 9000 万英镑，占 7%。在业务方面，北美教育部门销售额为 27 亿 7900 万美元，占 54%；国际教育部门销售额为 15 亿 3900 万美元，占 30%；专业部门为 4 亿 1000 万美元，占 8%；金融时报集团为 4 亿 4900 万美元，占 16%。

尽管销售量获得了较大增长，2013 年，培生集团调整后净收益却有所下降，从 2012 年的 9 亿 3200 万英镑下降到 7 亿 3600 万英镑，下降幅度非常大，达到 21%。这主要是由于其在相关技术基础设施和新一代产品和服务方面投入了更多的资金以及美国高等教育和英美中小学课程改革的周期性疲软所导致。2013 年，培生集团的数字化产品和服务性业务取得了很好的增长，他们继续投资于规模和数量建设。受益于通用核心课程教材采购政策的影响，培生的中小学教育业务稳定增长。但该市场环境依然严峻，随着各州政府财政预算压力持续增长和向通用核心课程的过渡，培生的中小学考试测评业务受到影响。大学入学人数的减少也直接影响到培生的高等教育业务，培生在高等教育领域拥有很强的市场地位，但也因此变得格外脆弱，更易受到外部环境的影响。在这些市场压力之外，培生集团北美市场的利润率还进一步受到 4900 万英镑的重组费用的影响，由于各州政府准备采用新的统一的核心考试和课程体系，培生集团的考试测评业务需求量下降，相关的投资和分期偿还债务也受到波及。

3. 培生教育业务构成

2013 年，培生教育出版部门（Pearson in Education）的销售收益占集团总销售额的84%，其首席财务官（Chief Financial Officer，简称CFO）罗宾·弗瑞斯通（Robin Freestone）指出，培生教育 2013 年的财务表现受到挑战，市场环境仍然受到数字化、服务和新兴市场的巨大挑战。2013 年，培生教育部门在北美开发了新的数字化学习产品，在英国开发了资格认证和评估产品，在中东开办了培训学校，在中国收购了"华尔街英语"，教那里的人学英语。培生集团以一种独立的方式向人们提供产品和服务，不过现在整合和个性化生产的方式越来越普遍，这主要是为了满足个人教育系统、顾客和学习者的需要。培生已经发现了其产品的四个主要市场机会，并努力在这四个相互区别而又相互关联的板块为其顾客创造价值。这四大业务如图 1 所示。

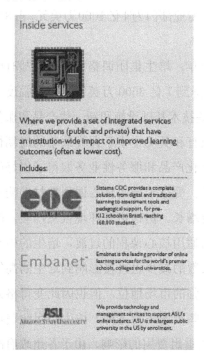

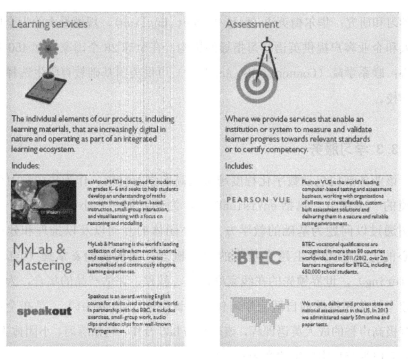

图 1：培生教育的四大业务

3.1 内部服务

该部门为机构用户（包括公共机构和私人机构）提供了一系列整合服务，帮助机构以较低的成本改进其学习效果。包括三项产品：Sistema COC：该产品为数字和传统学习机构提供一个完整的解决方案，为巴西学前教育学校提供评估工具和教学支持，目前已经为 16 万名学龄前儿童提供了帮助；Embantet：是为世界领先的学校、学院和大学提供网络学习服务的服务商；ASU（Arizona State University，亚利桑纳州立大学）：该产品为亚利桑那州立大学的网络学生提供技术和管理服务。

3.2 直销

在那些培生拥有和运营的学习机构，直接为其学习者提供其他团体无法提供的集成学习环境。包括 cti 教育集团（cti Education Group）：CTI 是南非的一所私立的高等教育机构，为南非所有校园提供全日制和非全日制的信息技术、心理学与咨询、创意艺术和平面设计、商务和法律方面的学习和研究；华尔街英语（Wall Street English），规模最大的为全球成年人和企业客户提供英语学习指导的机构，在全球 28 个国家建立 450 多个中心；联系学院（Connections Academy）可供美国基础教育学生选择的虚拟学校。

3.3 学习服务

该业务部门包括数字化程度越来越高的学习材料，作为集成学习生态环境的一个部分。包括 enVisionMATH，为幼儿园——小学学生设计的，试图通过以问题为基础的教学方式和小团体的互动以及以推理和建模为中心的方式帮助学生建立基本的数学概念；我的实验＆掌握（MyLab ＆ Mastering），世界领先的在线家庭作业、教程、评估产品的集合，为学生创建个性化和持续的自适应学习体验；说出来（speakout），是在全世界享有极高声誉的成人英语课程，该产品与 BBC 合作，包括练习、小团体工作、从知名电视节目中剪辑的音频和视频。

3.4 评估

为机构或系统提供的通过相关标准帮助其测试和验证学习者的学习进展或证明其学习能力的服务，培生教育创建、推广并不断改进州和国家的评估方式和标准。在 2012 年，其管理了将近 5000 万次网络和卷面测试。其包括两个个部门：培生 VUE（Pearson VUE）培生 VUE 是世界领导性的以计算机为基础的测试和评估业务，其与各种规模的组织合作，建立灵活的，个性化定制的评估方案，并为其提供安全可信的测试环境；BTEC 职业资格认证在全球 80 多个国家获得认可，在 2011-2012 年，超过 200 万的学习者在 BTEC 注册，包括 65 万在校学生。

4. 培生教育的数字化发展战略

2013 年，培生教育数字产品和服务销售额达到 30 亿 2000 万英镑，占集团总销售额的 58%。而 2007 年，其数字产品和服务销售额为 11 亿 2500 万英镑，仅占集团总销售额的 31%。这 6 年间，该项收益增长了 268%，远远高于集团总销售额的增长速度。这一数据显示了培生教育部门数字化发展战略的成功。培生教育主要采取了以下数字化发展战略。

4.1 归核化战略

进入 21 世纪，培生集团实行归核化战略，把握图书出版产业链演化方向，以教育出版为核心，逐步剥离与产业不相关资产，保持了公司持续盈利能力和行业霸主地位，创造教育出版一站式服务，打造"世界领先的教育公司"。

4.1.1 剥离不相关资产

2007 年后培生集团逐渐开始剥离与教育类出版相关性不大的资产，于 2010 年出售国际数据公司（InteractiveData，IDC）的股份，并开始逐渐剥离金融数据信息。2013 年，其继续推进这些工作。其旗下的大众出版集团企鹅出版集团 2012 年 10 月 30 日开始启动与贝塔斯曼的消费出版业务兰登书屋的合并计划，经过 8 个月的磋商得到各国监管机构的批准，2013 年 7 月，企鹅出版集团和兰登书屋完成交易合并，企鹅和兰登开始在一起，合并成立名为企鹅兰登书屋，贝塔斯曼拥有新公司 53% 的股份，培生集团持有 47%。这家合资企业不包括贝塔斯曼在德国的商业出版业务，培生集团将保留在全球教育市场使用企鹅品牌的权利。这次并购保护了企鹅的商业和创造性的未来，让其规避竞争，具有了规模优势。2014 年 2 月，其出售了《并购市场》（Mergermarket），该刊物在培生获得蓬勃发展，然而其不是培生全球教育战略的一部分，所以只能忍痛抛售。

4.1.2 增加数字集成环节的投资

培生教育出版集团依托丰厚的内容资源，通过并购获得技术和技术平台，增加数字集成环节的投资，推进集团的数字化转型。在 2000 年，互联网成为发展热点的时候，公司并购了家庭教育网站（Family Education Network）和美国领先教育测试和数据管理公司"国家计算机系统公司"，该公司将家庭和学校、个人课程和拓展课程、评价和测试融为一体。2003 年，培生并购英国最大的考试评价实体 Edexcel。2005 年，培生并购 AGS，强化它在专门教育需求领域的学生测试和出版优势。2007 年其收购数字大学（eCollege）以及里德·爱思维尔的哈考特评估测试公司（Harcourt Assessment）和哈考特国际教育出版公司（Harcourt Education International）。2008 年其收购了前瞻者（Fronter），提供学生线上学习平台，将学生学习和教育出版内容资源结合，实现出版内容的互联网传播。在移动互联网发展背景下，公司在 2006 年并购了苹果旗下的能量学校（Powerschool）软件，将数字出版内容传输到 iPad 上。2012 年，收购了巴西成人英语培训公司格鲁普多媒体（Grupo Multi）。该项收购非常适合其在经济快速增长和数字化及其相关服务增加更多投资的发展战略，而且可以对全球教育产生更加重要的影响。2012 年，培生还分别并购了提供教学衍生品数字传播的支持性软件公司全球英语（Global Englisht）和提供自助出版服务的公司（ASI），以适应数字化教育产品数字传播的软件支持和自助出版需求，快速推动数字集成技术的发展。2013 年，基于自身优势以及战略发展的需要，公司参股了巴诺书店的电子书诺克（Nook）。这样，公司实现数字出版内容在日趋流行的电子娱乐设备和电子书等媒介上的移动互联网传播。这一系列的并购让公司拥有了数字出版平台，积累了数字出版资源。2003-2009 年间，培生一直保持着每年 7000 多万英镑的数字集成环节的投资，加快了信息化发展步伐。

4.2 以学习者为中心的战略

培生教育出版集团所做的一切都是以学习者为中心，并承诺用效果来说明一切事实。其客户通常是教师、机构、教育机构、父母或一个公司，其工作真正的受益人永远是学习者。其企业目标以及其是否成功的最真实的衡量标准是，其是否真的帮助更多的人通过教育和技能的服务获得其生活中所需要的进步。学习者为中心的营销观念渗透到培生数字化出版产品开发的整个过程，培生教育出版集团开发了一系列有助于学习者学习能力和效率提高的产品。

培生教育出版集团开发的微积分及统计学教学辅助工具——MyMathLab，就是基于互联网的在线学习和辅导工具，另外这款产品不仅是有在线学习和作业管理的作用，而且结合了教学管理的作用，是一个系统性的教学服务产品。MyMathLab 有一个核心数字 24/7，这所代表的意思是一天 24 小时，一周 7 天，即无时无刻灵活使用，特别是对于一些打工的大学生，有利于他们根据自身需要合理安排时间。这一产品对作业设置了等级，学生根据自身等级完成作业，在完成作业之后该系统会为作业评分并反馈给教师。这样教师可以根据学生作业中反映出来的问题进行有针对性的教学，也可以对个别学生进行个别辅导。2013 年，培生教育出版集团开发的家庭作业在线及评估体系 My Lab 扩大到高校 11 个专业类别，北美 MyLad 的注册用户 2013 年上升了 9%，达到 1100 万。其使用也继续获得巨大增长，在 2013 年各个年级学生提交的测试次数上升了 15%，在全球大约有 3 亿 7000 万次。评价研究表明，作为更广泛的课程重新设计的一部分，对于 MyLab 项目的使用可以显著提高学生的考试成绩和机构效率。其收购了学习催化剂（Learning Catalytics），该项目允许教师实时获得开放性或批判性思维问题的反应，以确定哪些领域需要进一步解释，以采取早期干预手段帮助提高教学效果。

为了满足不同群体对海量知识信息需求的在线资源需求，培生教育出版集团依托于传统内容资源优势，将海量信息资源数字化，建立起方便读者随时取用的在线信息资源库，并增加附加值服务。集团开发的 EQUELLA 就是一个专业的教育内容数字在线仓储，该资源库可以方便读者随时随地获取需要的内容，同时还从读者需求的角度出发，提供各种在线内容的搜索、创建和管理等功能。数字化出版资料的开发基于建构主义的教育思想，从问题出发，注重培育学生理论联系实际、解决实际问题的能力。如 e-tool 等工具，帮助学生加深对重要概念的理解。基于该系统，学生可以很快知道同伴的学习状况以及想法，帮助其调整学习节奏，促进学生间的合作。

4.3 整合战略

培生教育出版集团在数字化产品／服务的开发中，以教育技术学整合数字化出版，以学习的全过程为主线，将教材的数字化出版置于学习、教学、课程体系之中。要整合数字化出版业务，首先需要的是一个能够容纳这些新的业务的理论和实践体系。这一工作体系就是教育技术学。培生集团提出要把自己从教材出版商转化为教育技术和服务的提供商。

作为教材出版商，原来仅仅把产品售卖给教育服务机构，现在却提供服务帮助教育机构和他们的学生获取成功。这意味着公司需要更加直接地参与到学习过程，与学习结果更加相关。一旦把教育技术学的相关理论作为数字化出版的指导，在有效的盈利模式下，公司面对的就会是一个亟待开发的广阔的产品线。学习和教学的整个过程中，人们所需要的一切内容、服务、支持都可以被做成数字服务包提供给用户，如学习能力的测评、学习计划的制定、学习实例和学习结果的评估等。在学习过程中，公司的产品既是教材，也是教师，它灵活地参与到变化的学习过程中，为学与教的双方提供有力的决策参考和支持。

从不同的科目出发，其产品基本可以分为两条线：一是学生产品，包括学生学习的内容、测试、交流平台、实时辅导平台等，系统可以实现教师对学生学习的全程安排；二是教师产品，包括学生实时测评平台、交流平台、教学支持内容等。这两条产品线被紧密结合在一起着眼于整个学习过程，数字化教材致力于为使用者提供完美的在线学习支持。教育技术学的思想浸入整个开发过程，在线服务不是纸质教材的补充，而是一块独立的有着广阔的发展和盈利空间的业务。高等教育不同于基础教育，大学生往往需要做一些研究性工作，这就需要大量的资源和学习研究的手段。

培生教育出版集团的 Research Navigator 的目标是帮助学生理解研究过程，从而能更自信、有效地完成研究性的作业。ResearchNavigator 的最大特点在于涉及学生研究的整个过程，对研究全程提供指导，从搜集资料获取信息，到论文写作，乃至加注参考文献都有指导，教授学生获取资源的技巧，对论文写作进行按步骤指导直至成稿。Research Navigator 所提供的内容具有多渠道的特点，涵盖了学术期刊、网络以及两大报刊——《纽约时报》、《财经时报》，数据库按照内容来源分为四个独立而又相互联系的数据库。第一类，学术期刊和摘要数据库。这类数据库对所有专业相关的主要学术期刊资源按照主题分门别类。在数据库中，教师和学生可以利用关键词、文章号码，采取精确匹配或布尔算法的方式，在某篇文章或某些文章中进行检索，找到研究所需的资料。所搜索到的文章可以通过多种方式保存下来，例如下载到电脑，或者复制粘贴后通过电子邮件发送。第二类，《纽约时报》主题文档搜索库和《财经时报》文库，涵盖《纽约时报》和《财经时报》一年以内的世界顶级记者的报道全文。纽约时报数据库也是按照主题分类组织，支持一个或者多个关键词检索。财经时报文库主要是一些公司、工业、经济的感人新闻事件，并且利用这个数据库还可获得 5 年内美国 500 强公司的财经信息。第三类，网址图书馆。其最大优点在于提供与研究可以最精确的与联系最密切的网址链接，编辑会按主题组织，选择出"最佳网站"并提供网址。为了获取最新信息，这个数据库被频繁地检验和更新。

4.4 个性化战略

在数字化出版业务中，个性化的实现要求提供服务的系统具备三个特点。首先，注重对学生进行评价和管理。教师在跟学生安排下一步学习内容之前，可以通过系统先让学生做一个测试，根据学生的测试结果安排学习模块。在学生的学习过程中，产生的所有问题教师都能实时观测。其次，教材产品的互动性。教师根据对学生学习状况的了解，随时调节教学内容、作业安排。而对于学生而言，互动性使得教材内容得到最大限度的扩展，并且能够随时获得学习帮助。再次，培生教育出版集团提出要放弃"一个版本适应所有"的方式，让学生实现用自己的节奏学习。一方面，在线辅导服务帮助学生赶上进度。辅导服务包括：实时的一对一辅导环节；即时的家庭作业辅导和试卷讲解；提供数学和科学课程；通过任何电脑都能够获得；一周 7 天都能得到辅导；学习会话将被保存，能够随时反复观看学习。培生的辅导环节由白板和聊天（whiteboard & chat）工具实现，利用虚拟白板工作空间，辅导人员和学生都能够通过写、画来分享问题、方法和解释，同时通过模拟和动画增强学习效果。另一方面，学生还可以通过系统了解同学的学习状况，实现交流，并且学校可以方便地进行家校联系。

培生教育出版集团认为学习不能一概而论，要完成 21 世纪的教育没有一个"最好的系统"，每个地区、每个学校、每个教室、每个学习者都是独一无二的，因此，课程和教学必须要针对独特的环境。因此，在既有的数学课程资料的基础上，培生集团还开发了 Envision Math 系统，帮助学生理解重要的数学概念。这个系统的组成部分包括：教学资源包，包含教学和备课所需要的所有资源；介入系统，提供不间断的评价、诊断，主要根据评价数据对学生的学习和教师的教学进行调整。这一系统有三个层次：课程中的不间断介入；在每节课之后的策略性介入；在每个主题之后的密集介入。每个知识点的教学都包含了基于问题的互动环节，通过启发学生思考日常的数学问题，让学生自己建构数学概念的具体理解，然后一步一步使用虚拟学习桥（Visual Learning Bridge）拓展学生对概念的理解。形成性评价在整个课堂和课程的层面被融入进来，系统能够即时反馈学生的解题状况，基于反馈数据（data-driven），差异性的教学得以实施。

在数字时代学习生态环境发生了改变，数字教育已经不仅仅是提供简单的数字产品与服务，而是要针对用户的学习需求、目标和过程提供一体化的针对性解决方案，从而帮助用户解决整个学习过程的全部问题。培生提供专门的学习解决方案服务 Person Learning Solutions，就致力于解决教育者、教育机构和组织的各种教学需求，该服务项目在全球拥有众多教学设计、课程开发专家，可以为提交教学目标的客户提供在线课程、混合课程甚至是完全个性化定制课程的设计与开发。这一解决方法通过定制教科书帮助学生在实现学习目标的同时降低成本，而涉及各个学校的在线课程则可以实现教师和学生的双向互动，增加课程趣味性等。

高校教师可以自主选择教材，但是有时某本教材并不能完全为其所用或者其所需的内容包含在多本教材里，教师教材的个性化和专用化促进了个性化定制教材的诞生。教师根据个性化的需求，在不同出版商的多本教材或杂志中定制所需要的内容，生成电子版或者根据实际所授学生的人数印刷成册。定制的教材不仅价格低廉，而且教材的所有内容都在课堂上用到，真正为教学所用，避免了教学资源的浪费。培生教育的 Pearson Custom Solutions 就是一款帮助教师选择和创造最需要的内容，利用先进的技术和丰富的内容资源帮助老师达到教学目的的产品。不同内容的课程材料需要支付不同的费用，教师可以在选择教材内容的同时达到控制学生购买教材的费用，并且个性化教材的费用有可能比一本纸版教材要便宜些。所产生的个性化教材适用于多种存储形式，教师可选择网络、手机、iPad 等移动设备或者印刷成书来获得个性化教材。教师在 Pearson Custom Solutions 所定制的教材最大的价值就在于所有内容为课堂所用，练习题目也由此而来，充分实现这本教材的最大价值，也在最大限度上满足了教师和学生个性化教与学的需要。

4.5 合作战略

在数字化转型的发展过程中，单靠集团本身的力量还很难形成较大的竞争优势。因此，培生教育出版集团在数字化发展战略中还非常注意加强合作。其合作包括与同行的合作，与技术提供商的合作以及与教育机构的合作。

4.5.1 与同行的合作

2007 年，美国 14 家重要的教材出版社（包括约翰·威利父子、麦格劳－希尔、培生教育集团等）合伙成立了专门生产电子教材的公司 Course Smart，为学生和教师提供多种电子教材。这些教材的内容、页码与纸质课本完全一致，分为支持在线订阅阅读和付费下载阅读两种形式，以及通过所购买的访问代码在第三方合作网站获取资源的形式。在线阅读只能在订阅期限内在线阅读，下载形式则支持多个终端，可以下载到电脑、iPhone 等阅读终端。学生可以在网上或者书店购买，这类教材与纸版格式一致、内容相同，但是又拥有比纸版更多的附加功能，即增值服务。培生教育集团的 CourseSmart eTextbooks 就是这样一种产品。CourseSmart eTextbooks 的作用在于既为学生减少了一半的费用，又保证了学生在可以上网的前提下随时随地的学习需要，与纸版教材一样，学生可以方便的做笔记、注释、标记重点。另外，CourseSmart eTextbooks 提供增值服务，学生可以通过关键词进行全文检索，准确的找到所需的内容。这款产品不仅可以在线阅读，也考虑到了线下的学习需求，学生可以打印整本书或者所需章节。

4.5.2 与技术提供商的合作

2011 年 9 月，培生教育出版集团与加拿大教育集团艾术纳塔（Eminata）集团展开合作，Eminata 集团旗下的各院校学生将通过 iPad 上的培生电子教材应用获取他们的课程内容。同年 10 月，培生集团又与谷歌公司合作推出了免费学习管理系统开放教室（Open Class）。学生可以在网上或者书店购买，这类教材与纸版格式一致、内容相同，但是又拥有比纸版更多的附加功能，即增值服务。

4.5.3 与教育机构的合作

培生教育出版集团还非常注重与教育机构的合作，其亚利桑纳州立大学在线项目就通过经营完全在线学习项目获得了大量的企业合作伙伴，例如海洋社区学院（Ocean Community College）、印第安纳州卫斯理大学和罗格斯大学（Indiana Wesleyan University and Rutgers）。该项目 2013 年获得了 64000 名注册学生，与 2012 年相比增加了 45%。2014 年 1 月，其扩大了与弗罗里达大学（the University of Florida）的合作，为其研究生和本科生课程提供技术、电子教材、招聘推广、招生管理、学生支持和保留服务。培生 Embanet 新生人数增长了 8%，达到了 12000 人，学生总数达到 27000，增加了 16 个新的项目，推出了 3 个新的重要学术合作伙伴，包括阿德菲大学（Adelphi University）、维拉诺瓦大学（Villanova University）和马里兰大学（University of Maryland）。而且，其还扩大了与现有客户的合作，例如马里维尔（Maryville）和东北部（Northeastern）。200 多所大学与培生合作建立网络学习方案，改善其教育方式，以获得高质量的本科和研究生学位课程。

参考文献

[1] Pearson. Pearson Annual Report(2011-2013).[2014-7-6]

http://www.pearson.com/content/dam/pearson-corporate/files/annual-reports/ar2013/2013--annual-report-accounts.pdf

[2] [10] 张倩. 我国高等教育数字出版商业模式研究 [D]. 北京：北京印刷学院，2011:26-32

[3] 盛虎，郭俊妃. 基于产业链视角的培生集团投资战略研究 [J]. 中国出版，2014，（6）

[4] 张凌. 培生集团 K12 阶段数字化教材开发策略 [J]. 中国教育技术装备，2013，（20）

[5] 谢清风. 培生集团的并购发展战略分析 [J]. 现代出版，2011，（6）

[6] 高丽芳，赵玉山. 培生：全球教育出版的领航巨轮 [J]. 科技与出版，2004，（5）

［7］刘益，赵志伟，杨卫斌．培生集团的经营管理与发展战略研究［J］．出版发行研究，2009（12）

［8］李倩．数字出版时代欧美出版企业成功经验与启示［J］．中国出版，2013，（16）

［10］周爽．英国培生集团的经营战略研究及其启示［J］．出版广角，2013，（3）

［11］徐淑欣．培生集团的教育出版数字化转型［A］．刘锦宏主编．数字出版案例研究［C］．北京：电子工业出版社，2013：159－166

［12］李同．2011国际出版巨头发展靠"三化"［N］．中国图书商报，2012-5-1（001）

[7]余敏，魏玉山，韩卫东．传媒巨舰的数字化管理与经营战略探析[J].
中国传媒科技，2009（12）.

[8]张素仁．专业出版领域的信息服务——爱思唯尔集团[J]. 中国出版，
2012（3）.

[9]张晓斌．专业出版集团的数字化战略和发展策略研究[J].科技与出版，
2011（7）.

[10]左健等．汤姆森集团的集约化发展及启示[J].中国出版，
2011（6）.

科技出版领头羊
——里德·爱思维尔集团及其数字化发展战略探析

1. 集团简介

1.1 集团发展历史

里德·爱思维尔（Reed Elsevier）的历史最早可以追溯到19世纪晚期，英国实业家阿尔伯特·E·里德（Albert E Reed）和荷兰实业家贾克伯斯·乔治·罗伯斯（Jacobus George Robbers）为里德·爱思维尔出版集团的建立做了开创性的工作。里德的创始人阿尔伯特·E·里德于1894年在英国肯特州（Kent）建立了一家新闻用纸生产企业，1903年，这家公司命名为里德，并成功在英国伦敦上市。二战后，通过合并和收购IPC公司旗下的行业杂志生产部门IPC商业出版公司（IPC Business Press Ltd）和消费杂志生产部门IPC杂志公司（IPC Magazines Ltd）得以迅速扩张，并于1970年更名为里德国际有限公司（Reed International Limited）。爱思维尔的创建最早可以追溯到1880年贾克伯斯·乔治·罗伯斯在鹿特丹（Rotterdam）建立的一家出版公司。为了纪念16世纪荷兰家族书商和印刷商Erasmus，其将公司命名为爱思维尔（Elsevier）。在20世纪的前半个世纪，爱思维尔还只是一个相对较小的家族公司，但是在二战后因为成功的周刊爱思维尔周刊（Elseviers Weekblad）的出版，其获得了迅速发展，1951年，在纽约建立了爱思维尔出版公司（Elsevier Press Inc）。其后的10年，爱思

维尔出版公司先后在纽约和伦敦建立了办事处。到了 20 世纪 70 年代，企业重新命名为爱思维尔科学出版社(Elsevier Scientific Publishers)，其后，爱思维尔进行了一系列的收购和兼并活动，两年后，也就是 1993 年其与里德合并，成为里德·爱思维尔，并形成了两个共同拥有的公司——里德·爱思维尔股票上市集团公司，其总部在英国，主要拥有出版和信息商业业务；以及爱思维尔·里德财务 BV，其总部在荷兰，主要负责集团的财政业务和行动。合并后，里德·爱思维尔股票上市公司和里德·爱思维尔 NV 仍然保留了他们各自的法人地位和国籍而且共同持有公司。里德·爱思维尔股票上市公司的股票在伦敦和纽约上市，里德·爱思维尔 NV 的股票在阿姆斯特丹和纽约上市。里德·爱思维尔股票上市公司和里德·爱思维尔 NV 分别持有里德·艾尔思维尔出版集团 50% 的股份。里德·爱思维尔股票上市公司在爱思维尔·里德财务 BV 中持有 39% 的股份，里德·爱思维尔 NV 则在爱思维尔·里德财务 BV 中持有 61% 的股份。另外，里德·爱思维尔股票上市公司在里德·爱思维尔 NV 中还间接持有股权。

1.2 集团概况

里德·爱思维尔出版集团是全球领导性的为各行各业的专业顾客提供信息解决方案的信息服务商。其帮助科学家获得新发现，律师赢得案件的胜利，医生挽救生命，公司建立商业关系，保险公司评估风险，政府和金融机构辨别信息的真伪。其是全球最大的 STM (Science, Technology & Medical) 出版商，提供科学、法律、教育、商务等方面的信息服务，同时它也是全球第四大数字付费内容提供商，在全球 180 个国家设有办事处。

里德·爱思维尔出版集团致力于为各行各业的专业消费者提供卓越的研究成果，帮助他们做出更好的决策，获得更好的工作效果，提高其创造性。其通过采用深入理解用户的基于全球平台的内容与数据分析技术实现这一目标。里德·爱思维尔集团试图通过利用其组织技能、资源在全球增长市场上长期建立领导性地位，既为其客户建立解决方案，也为企业自身寻求成本效益。

在全球经济环境的变化下，里德·爱思维尔出版集团在 21 世纪继续扩展其内容，创造性地引进在线信息产品和服务，部署市场领先的技术和专业技能，在全球赢得了新的顾客从而扩大了其销售并扩展其产品以满足数字环境下其顾客日益扩大的需求。里德·爱思维尔收益的三分之二来源于电子产品，并且，其产品和服务通过网络向全球传播，进一步扩大了其在专业信息解决方案领域内的国际声望。

截止到 2013 年 12 月 31 日为止，里德·爱思维尔出版集团在 2013 年的总的收入是 60.35 亿英镑。它们的收入主要来源于订阅、广告和事务性业务。里德·爱思维尔在全球建立 180 多个办事处，其最重要的资源是它的无形出版资产，包括里德·爱思维尔公司拥有的无数的市场领先品牌、出版社、书籍、技术平台、数据分析能力以及 28200 名杰出的全职员工。

2. 集团结构

2.1 集团组织结构

里德·爱思维尔股票上市公司、里德·爱思维尔 NV、里德·爱思维尔股票上市集团公司和爱思维尔·里德财务 BV 的董事会都是由执行董事和为董事会审议带来丰富管理技术和经验的非执行董事共同组成，从而形成管理的平衡。其中，非执行董事的设立对企业的决策产生重要影响，因为所有的非执行董事都可以独立地进行管理，而且不受可能会干预其作出独立判断的因素的影响。这样的管理体制可以提高其管理的有效性和客观性。

里德·爱思维尔股票上市公司、里德·爱思维尔 NV 和里德·爱思维尔集团股票上市集团公司的董事会和谐共存。里德·爱思维尔股票上市公司的董事同时也是里德·爱思维尔 NV 和里德·爱思维尔集团股票上市集团公司的董事。里德·爱思维尔股票上市公司和里德·爱思维尔 NV 的董事至少每三年都要进行换届，而且，他们可以在每年的年会上由股东投票选举，进入下一个任期。这一方面可以保证企业的活力，另一方面又可以使一些有效的，尤其是长远才能发挥作用的长期决策得以贯彻执行。

里德·爱思维尔股票上市公司的董事会由 6 个执行董事和 7 个非执行董

事组成。里德·爱思维尔 NV 的董事会由两级董事会组成，一个是拥有 8 个非执行董事组成的监事会；以及由 6 个成员组成的执行董事会。执行董事会主要负责管理，监事会则负责检查理事会的工作。里德·爱思维尔集团股票上市公司的董事会是由 6 个执行董事组成。里德·爱思维尔财务 BV 与里德·爱思维尔 NV 类似，采取的是两级董事会。这种董事会和监事会并行的企业结构可以使企业管理者的决策和管理得到有效的监督。

里德·爱思维尔股票上市公司、里德·爱思维尔 NV 和里德·爱思维尔集团股票上市集团公司都建立了审计委员会，这个委员会的成员都是非执行董事，他们是完全独立的。在 2005 年审计委员会召开了 5 次会议。他们的财务行为是由里德·爱思维尔财务 BV 的监事会负责执行。

2.2 集团业务结构

里德·爱思维尔集团拥有无数的市场领先品牌，包括律商联讯（LexisNexis）、爱思维尔、里德商业信息、里德展览等。随着数字化技术的应用和集团战略重心的转移，里德·爱思维尔集团改变了过去以产品为基础的业务部门划分方式，而是采用以市场需求为导向的业务划分方法，将经营业务主要分为科学技术和医学部门，品牌包括爱思维尔；风险解决方案＆商业信息部门，包括律商联讯（LexisNexis）、风险解决方案、里德商业信息三大品牌；法律部门，包括律商联讯、法律＆专业；展览部门，主要品牌为里德展览。

2.2.1 科学技术和医学出版部门

科学技术和医学出版部门的业务范围涵盖全球的科学、技术和医学出版以及交流工作，其 2013 年的总收益达到 21.26 亿英镑，在里德·爱思维尔整体收益比 2012 年下降 2% 的情况下，仍然保持着 3% 的稳定增长率。爱思维尔的总部在阿姆斯特丹，它的主要办事机构遍布全球，主要是在阿姆斯特丹、伦敦、牛津、纽约、费城、圣路易斯、旧金山、巴黎。慕尼黑、马德里、新加坡、东京和德里。其主要分为爱思维尔科学技术出版部门和爱思维尔医学部门。科学技术和医学出版部门因为没有文化、政策等方面的壁垒，全球化程度较高，其北美地区收益占部门总收益的 38%，欧洲地区收益占 30%，其他地区收益也达到了 32%。另外，科学技术和医学出版部门的数字化程度也较高，其电子收益占部门总收益的 72%，印刷产品收益占 27%。当面交易收益则仅占 1%。

科学技术和医学出版部门最重要的产品 ScienceDirect 是世界最大的全文在线科学研究服务平台，拥有 2000 多种电子期刊，1000 多万篇科学文献以及涉及 50 余种主要参考工作的公文，145 种丛书，7 本共 170 卷的手册。这些期刊中很多都是各自领域内最重要的出版物和参考工具，其中 1300 多种期刊被 SCI（Science Citation Index，科学引文索引）收录，收录比例达到 6 成。2013 年，其期刊质量得到了进一步提高，这可以从其期刊影响因子整体水平提高中得到证明。与此同时，借助于 ScienceDirect，科学技术和医学出版部门的数字化转型非常成功，目前，其数字产品收益占总收益的 72%。其中，爱思维尔科学技术出版部门为全世界的广泛的各个研究领域的图书馆、科学家、专家提供服务。它是全球学术期刊出版商的领导者，每年在 1000 多种专业期刊和新书中出版 17 万多篇最新的研究文章。爱思维尔同样也通过辅助文献数据、索引、摘要的形式出版二手材料，并通过评论和参考书目的形式出版第三手信息。除了 ScienceDirect 外，爱思维尔科学技术还开发了其他电子产品，例如其 2005 年开发并运行了电子产品 Scopus———一个可以显著提高研究生产率的摘要和索引数据库，同时，它也是一个导航工具。Scopus 数据库现在有 3000 多万篇科学研究文献摘要，一千五百万个专利，以及 1.9 亿个网页的参考，这些文章和参考资料都是由爱思维尔的工作人员从 15000 种同类评论出版物中精心挑选出来的。爱思维尔医学部门涵盖了国际化的护理、医学（医生）和医学出版及交流工作。这个部门为医学研究者、医生和医学院学生提供保健和医学信息。它的主要市场是美国，英国，德国、法国和西班牙。这个部门每年出版 500 多种期刊，包括大量的学术团体的期刊以及超过 1 万本书和临床参考文献。爱思维尔医学出版部门同样看到了电子产品发展速度的提高。他们开发了大量的多媒体产品，这些产品主要供医疗机构工作人员和医学院学生使用，为他们提供核心课程教材并为实践活动提供网络产品。在国际上，爱思维尔医学出版部门通过出版国外版本来平衡它在新市场上的网络产品和印刷品。

2.2.2 风险解决方案 & 商业信息部门

风险解决方案＆商业信息部门为顾客提供数据、分析和洞察力，帮助其评估和管理风险，开发市场情报，支持其作出更明智的决策，提高其经济效益和工作效率。2013年，该部门实现了巨大增长，总收益达到了9.33亿英镑。其中，保险领域的增长是由优质的新产品和服务带来的，这些新产品和服务使得其实现核心的承保业务量增长的基础上还将业务得以扩展到邻近的垂直市场。商业服务的增长反映了身份验证和欺诈检测解决方案市场的强劲需求。政府收益的增长是由新产品销售带来的。商业信息2013年收益增速加快，这得益于数据服务和其他业务的适度增长。

律商联讯风险解决方案公司是新近成立的部门，总部位于乔治亚州的阿尔法瑞特（Alpharetta），在弗罗里达州，俄亥俄州也建立了业务代表处，共聘请了3300多名员工。其结合专有的、公共的和第三方信息形成全球领导的解决方案提供商。律商联讯风险解决方案公司拥有先进的技术和分析能力，采用高性能计算集群系统（High Performance Computing Cluster，以下简称HPCC）。律商联讯风险解决方案公司帮助客户评估，预测和管理风险，提高工作效率。主要包括保险解决方案部门，其收益占本部门总收益的51%；商业服务部门，其收益占部门总收益的42%；政府解决方案部门，其收益占部门总收益的5%；和健康护理解决方案部门，其收益占部门总收益的2%。本部门主要收益来源于电子产品，电子产品收益占部门总收益的96%，印刷产品收益则仅占4%。

里德商业信息公司出版400多种贸易杂志、企业名录、时事通讯、活页出版物以及200多个环球网的站点以及网上服务。其中，重要的杂志包括《美国计算机周刊》、《财产公告》、《英国国际航空》和《新科学家》等。里德商业信息公司看到网上服务的旺盛需求，在开发网络产品和服务方面取得了巨大成功。近年来，其网络产品和服务目前每年的上涨率非常高。其知名的网络产品包括：totaljobs.com，这是英国重要的网上招聘网站；ICIS-LOR，该网站为石化产品提供全球化的信息和价格服务；zibb.nl，荷兰的一个商业信息服务网站以及Kellysearch.com，一个已经投放到国际市场的工业搜索引擎里德商务信息公司的目标是成为商务人士在个体市场上寻找信息和做决策的首选参考工具，同时成为一种市场服务工具。它的战略重点领域是：在重要领域使现有的和新的网络产品和服务市场持续增长；

通过投资、收购和处理非核心产品进一步提升其地位；通过快速增长的市场来扩大其地域范围；通过在人才方面的投资继续提高组织效力；进一步开发网络产品和服务，降低项目成本。里德商业信息公司全的主要市场为北美和欧洲，其中北美地区收益占到部门总收益的 28%，英国收益占到部门总收益的 20%；除英国外欧洲其他地区收益占部门总收益的 39%，欧美以外地区收益则占总收益的 13%。里德商业信息公司目前仍然出版一些知名的印刷商务杂志，因此，其印刷产品收益所占比例相对其他部门而言较高，达到 33%。不过，电子产品的收益仍然是主体，占总收益的 60%。另外，当面交易也占总收益的 7%。

2.2.3 法律部门

法律部门包括律商联讯律商联讯法律专业解决方案以及法律 & 专业公司。法律部门为全球法律专业人士、研究人员、政府部门以及企业提供法律、税收、制度、政策方面的信息。截止到 2013 年 12 月 31 日为止，它在 2013 年的总的收益是 14.66 亿英镑。

全球的法律和管理市场目前在立法和诉讼水平的提高以及律师数量的增加这些因素的推动下将拥有一个持续的增长。除了核心研究市场外，财产转移增加了以满足更大的法律效率和生产力的服务，哪里有需求，哪里就有市场，因此，这就使得法律部门有了额外的发展机会。越来越多的法律信息和服务都是通过网络传递，除了美国之外，大部分地区法律信息市场的网络转移极大的低于美国，因此在这些地区还有极大的潜力。虽然目前法律部门的主要经营收入还是来自于北美市场，但是，他们也意识到国际法律和管理市场的巨大增长潜力，因此将其业务主要按地理范围的不同，分为北美法律部门和国际法律部门。

北美律部门向美国和加拿大的法律公司和从业人员、法学院以及州政府和当地政府提供电子和印刷本的法律信息产品。他们的总部在纽约，在俄亥俄州、新泽西州和佛罗里达都有自己的办事机构。北美法律市场部门为美国的 50 个州和加拿大提供法令和案例以及来自于马修·本得尔、米琪和希尔帕德提供的研究、分析和引用服务。法律部门开始越来越多的将网上工作工具提供的内容进行整合，提供完整的实际解决方案。这些工具包括电子发现、法庭诉讼事件追踪，电子档案、专家鉴定、法律文件准备，委托人发展以及很多其他的法律工具。同时，它还设计风险管理工具来帮助顾客通过诈骗侦察和阻止、身份识别等服务来减少管理风险。最近几年，法律部门已经通过其综合性的美国公共记录数据库，扩大了它在风险管理上的市场。这种增长在很大程度上可以归因于信用卡丢失和保险诈骗以及对于身份确认的需求。除了北美之外，国际法律部门以电子和印刷本的形式大范围的提供当地和国际化的法律、税收、管制和商业信息服务于欧洲市场、非洲市场，亚太市场和拉美市场。其中最重要的市场是在英国和法国。

　　法律部门的目标是成为它所服务的市场顾客首选的领导性的信息提供商。它的战略重点领域是：通过将研究完全应用于实际解决方案而提高其商业价值；培育重要的风险管理市场；通过创新性的网络产品和服务扩大其国际影响力；不断地提高成本效率。在法律部门，lexis.com 是从业律师最重要的网上研究工具之一，订购者在这里可以查找到 50 多亿文件。谢泼德引用服务是非常有名并有很高声誉的参考资源。法律部门主要为美国客户服务，其北美地区收入占部门总收入的 68%，欧洲占 21%，全球其他地区则占到 11%。法律部门的数字化程度也相对较高，电子产品收益已经达到总收益的 76%，印刷产品收益占 23%，当面交易所占比例最小，仅占 1%。

2.2.4 展览部门

　　里德展览公司主要组织贸易展示会和国际会议。他们每年在 30 个国家组织 500 次活动，吸引 10 万展商和 600 万的观光者。2013 年，里德商业展览部门的总收益为 8.62 亿英镑，其总部在伦敦，在巴黎、维也纳、诺沃克、圣保罗、阿布扎比、北京、莫斯科、东京和悉尼均建立了代表处。其在全球拥有 3400 名员工。里德展览部门的全球化战略非常成功，其也是四大业务部门中全球化程度最高的部门，2013 年，其北美地区收益仅为 16%，欧洲地区收益占总收益的 43%，全球其他地区收益则占到了 41%。

　　里德展览公司针对行业需要，组织市场领导性的展览活动，其参展商遍布全球，满足其当面交易、网络交易以及学习的需求。其展览涉及很多行业，包括 IT、制造业、航空业、国防、休闲、电子、食品和医疗、旅游和娱乐等。其每年举办的很多展览都是相关领域内最重要的大型展览活动之一。其主要收益来自于当面交易，该形式收益占部门总收益的 97%，印刷产品收益则仅占 1%。近年来，在数字技术的影响下，里德展览部门也调整其发展战略，积极发展网上服务以增加其商业展销的效率和效力，但是目前效果还不甚明显，其数字产品收益也仅占部门总收益的 2%。

3. 集团的数字化发展战略

3.1 由数字化带动全球化

里德·爱思维尔集团从 90 年代末开始就注意到了数字化对信息行业的影响，制定了数字化发展战略，并逐步实现了数字化转型。这从其近年来收益比例变化就可得到证明。

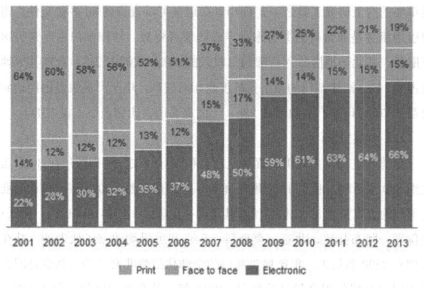

图 1：里德·爱思维尔不同形式产品的收益占比变化趋势[1]

如图 1 所示，从 2001 年开始，里德·爱思维尔集团电子产品收益在总收益中的比例不断上升，印刷产品收益在总收益中的比例则恰好相反，不断下降。2007 年里德·爱思维尔电子产品收益首次超过印刷产品的收益，2013 年，其电子产品收益更是占到总收益比例的 66%。借助于集团的生产重点由印刷产品向数字产品的转移，里德·爱思维尔集团开始积极拓展全球

---

1. Reed Elsevier. Strategy[EB/OL].
[2014-6-6]http://www.reedelsevier.com/aboutus/strategy/Pages/Home.aspx

市场，实行全球化发展战略。目前，北美和欧洲以外的收入已超过总收入的 20%，如图 2 所示。近年来，里德·爱思维尔的全球化程度越来越高。

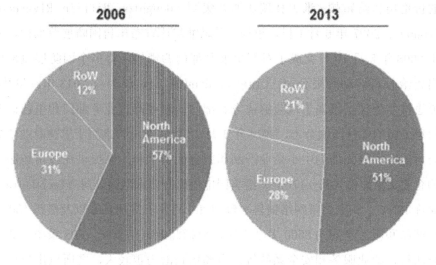

图 2：里德·爱思维尔各地区收益比例[1]

里德·爱思维尔 90% 的收益来自于英国和荷兰以外的地区，其中 51% 的收益来自于美国。近年来，随着里德·爱思维尔数字化战略的推行，其经营范围更加广阔，如图 2 所示。其北美和欧洲以外地区的收益在总收益中的比例不断上升，已经从 2006 年 12% 上升到了 21%。

3.2 强化核心竞争力，塑造内容和专业服务付费的商业模式

2013 年，里德·爱思维尔继续重塑其投资组合，在高速增长的市场和地区购进少量数据、内容和展览企业，与此同时，出售一些无助于企业长期发展或对于里德·爱思维尔而言没有显著增长价值的部门。这些举措都是为了增强核心竞争力，力保在其业务覆盖的领域均能够获得全球领导性的地位。

近年来，里德·爱思维尔处理了多项业务。例如 2007 年 5 月 4 日，里德·爱思维尔宣布其与培生集团达成协议，以 9.5 亿美元的价格将哈考特国际教育（Harcourt Education International）部门和哈考特评估业务（Harcourt

1. Reed Elsevier. Strategy[EB/OL].
[2014-6-6]http://www.reedelsevier.com/aboutus/strategy/Pages/Home.aspx

Assessment Business）出售给培生集团。2007 年 7 月 16 日，其又宣布将哈考特美国学校教育（Harcourt US Schools Education）业务以 4 亿美元的价格出售给霍顿·米夫林瑞沃迪普集团（Houghton Mifflin Riverdeep Group）。2007 年 6 月 1 日，里德·爱思维尔还宣布出售国防展览部门，并于 2008 年 5 月 19 日完成了对军事展览部门的销售，将多个国防展览部门出售给号角活动有限公司（Clarion Events Limited）。2013 年，里德·爱思维尔处理了隶属于风险解决方案部门的就业筛选业务部门和里德商业信息公司的多种印刷杂志，2014 年 1 月 22 日宣布出售隶属于里德商业信息公司的市场领先的为中小企业产品和服务的买家和卖家提供在线市场服务的企业买家地带（BuyerZone）给美国电信媒介技术网络公司（TechMedia，简称 TMN）。买家地带网络销售平台拥有一百多万注册买家以及横跨 150 多个产品和服务类别的 8500 多个卖家，包括商业电话系统，POS 系统，数码复印机，就业服务和安全系统等，市场增长潜力也较大，之所以出售这项业务，主要是因为集团确定了专注于内容付费和事务性服务付费商业模式的发展战略。

除了处理一些无益于集团核心竞争力提升的业务部门外，里德·爱思维尔还通过收购和合作等方式强化其核心竞争力。2008 年 2 月 21 日，里德·爱思维尔宣布其与选择点（ChoicePoint）公司达成协议，以 4100000000 美元的价格收购选择点公司，并于 2008 年 9 月 19 日，完成这项收购。2008 年 7 月 16 日，里德·爱思维尔法律部门宣布与全球最大的专业网站的创建者链接网（LinkedIn）达成合作协议，作为协议的一部分，链接网将会在其网站上提供里德·爱思维尔旗下的法律信息提供平台马丁德尔－哈勃尔（Martindale-Hubbell）的文章和内容的摘要和链接。这一举措强化了里德·爱思维尔专业法律人士最重要的网络参考工具的地位。链接网商业发展部门副经理斯科特·罗伯特（Scott Roberts）指出，"我们非常高兴能够加入到律师客户发展解决方案的领导者马丁德尔－哈勃尔。未来将会有更多的律师将链接网作为自己的重要商业工具，因为其内容更加丰富，因此也会有更多的律师访问马丁德尔－哈勃尔。2014 年 5 月 20 日，律商联讯风险解决方案公司宣布其正在扩展其全球使用基础保险（usage-based insurance，UBI）解决方案与乌勒里（Wuneli），英国建立的业界领先的数据服务公司的收购方案。乌勒里公司创办于 2007 年，多年来一直在增强其广泛的数据处理能力和发展自己的远程信息处理硬件和应用程序以安全地收集和评分数据。这项专业能力使保险公司能够借助于其一系列的定制产品和服务，利用业界最准确的驾驶数据和权威的驾驶分数其更好地理解客户的驾驶行为。乌勒里带来的远程信息处理的专业知识、解决方案和独特的数据资产以及处理数亿英里远程信息的经验可以帮助律商联讯风险解决方案公司提高其现有的远程信息处理能力，为其客户提供更大的投资回报，提升进入市场的速度。基于使用的保险计划在过去的几年里一直保持着较高的增长速度，未来的几年将会继续获得巨大增长，占据全球汽车保险市场 15%-30%的市场份额。律商联讯和乌勒里的结合将会产生世界最大的保险信息数据库提供商，更好的帮助保险公司利用信息数据作出更及时、明智的决策，降低风险，丰富基于使用的保险消费者的经验。

这些出售和收购活动优化了里德·爱思维尔的业务构成，强化了其核心竞争力，基本实现了其商业模式的重塑，塑造了内容和专业服务付费的盈利模式。

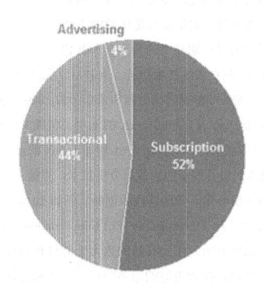

图 3：里德·爱思维尔 2013 年各类型收益比例[1]

1. Reed Elsevier. Strategy[EB/OL].
[2014-6-6]http://www.reedelsevier.com/aboutus/strategy/Pages/Home.aspx

如图 3 所示，目前，里德·爱思维尔基于内容付费的订阅模式和基于专业服务付费的事务性模式占总收入的 96%，广告收入则仅占 4%。

3.3 投入巨资，持续技术创新

为了将数字技术变革更好的运用于企业生产和运营，里德·爱思维尔不惜投入巨资进行技术开发，其中，2010-2013 年间，里德·爱思维尔平均每年投入 5 亿英镑用于技术创新。里德·爱思维尔广泛采用高性能计算集群系统（High Performance Computing Cluster Systems，简称 HPCC）技术，借助此技术共享各大细分市场的数据资源极其分析结果。HPCC 系统由律商联讯投资开发，目前其已经成为该部门的核心产品。该系统是一种开放资源的用来解决数量庞大的复杂的数据给数据分析带来的挑战的技术，该技术结合成熟的数据处理方法以及里德·爱思维尔专有的连接算法，推动其客户数据的智能化——更好，更快，更便宜，这也是目前最先进的大数据处理技术。该技术目前广泛运用于里德·爱思维尔开发的各种数字化产品和服务，例如其法律部门的新的旗舰产品 Lexis Advance，也已经采用了 HPCC 系统来运行和管理，为其客户提供无与伦比的能力和解决方案；最近 SciVal，科学，技术和医学部门近期开发的为大学和其他研究机构开发评估其研究效果的工具，也由 HPCC 系统技术运行。SciVal 为 220 个国家的 4600 多个研究机构提供 30，000，000 篇研究内容和 350，000，000 个引文数据的分析，HPCC 系统在其主要产品 ScienceDirect 的运用，帮助其向研究者推荐更需要的相关文章，有效帮助 ScienceDirect 增加了 65% 的点击率。[1]

除了自己投入巨资开发新的大数据分析技术，里德·爱思维尔还和一些大学和研究机构开展合作，资助其技术创新。例如 2013 年 12 月 18 日，爱思维尔和伦敦大学学院（University College London，简称 UCL）宣布共同建立 UCL 大数据研究所，作为其新的致力于通过将新技术和分析工具应用于学术内容和数据以探索更好的服务于研究者需求的创新方法的合作的一部分。UCL 的研究范围非常广，近年来，其在大数据和研究分析方面积累了丰富的成果。为了充分认识这些措施在前景和资源共享方面的协同作用，

1. Reed Elsevier Annual Reports and Financial Statements 2013. [2014-4-5] http://www.reedelsevier.com/investorcentre/reports%202007/Pages/2013.aspx

UCL 正在建立一个新的研究领域"电子 - 研究"（e-Research）。其将访问爱思维尔的世界级的研究数据和企业技术，为大数据在更广阔的范围内得到应用开辟出新的可能性。其中，HPCC 系统运用于爱思维尔的 ScienceDirect 平台，以及爱思维尔的母公司里德爱思维尔就是证明。爱思维尔认为链接分析和科学内容是更好的为科学家提供服务的关键之一，公司将为资助研究者和学生通过新的研究所，提供令人兴奋的新的研究分析、使用和储存大数据的机会。新研究所将会成为爱思维尔新近收购的公司门德里（Mendeley）的一部分。门德里是一个位于东伦敦科技创业园中心的全球研究管理和协作平台，也是一款免费的跨平台文献管理软件和在线学术社交网络平台，向用户提供基于社交网络的学术成果分享和合作服务，可追踪论文引用记录等。爱思唯尔此举是为了提高其竞争力，其将会建立一个与研究所连接的拥有网络分析组的"卓越中心（Centre of Excellence）"。UCL 的校长和教务长，迈克尔·亚瑟（Michael Arthur）教授指出："UCL 大数据研究所将会使我们站在大数据存储、科学信息管理和研究信息的生产、披露以及消费这些急需紧迫解决的问题的研究前沿。UCL 与爱思维尔不可避免地在多个研究议题方面可以形成互补优势，共同研究和解决这些问题对于全球研究工作而言有着巨大利益。"罗恩·莫贝德（Ron Mobed），爱思维尔的首席执行官也指出："这是爱思维尔在英国科学界的一项至关重要的投资，在这里，我们有优秀的专业人才，而且可以与世界领先的机构合作，我们的目标是帮助科学家可以作出更好更快的研究。"

3.4 以用户的需求为导向创新服务

以用户的需求为导向提供创新服务，指的是在数字化科研时代，深入剖析并顺应科研工作者的需求，创新服务的内容和方式，这也是专业出版公司立于不败之地的关键。以用户的需求为导向提供创新服务，可以大大地便捷用户对专业出版作品的搜索和使用，并为不同的用户提供特色化的服务，对于强化出版公司品牌形象和扩大市场份额大有裨益。爱思唯尔是全世界最大的科学文献出版社之一，旗下著名的数据库科学指引（Science

Direct）是所有学术类数据库中下载量最大的，每年下载量高达10亿多篇。2011年5月，爱思唯尔在其出版的期刊中引入谷歌地图功能，谷歌的交互性地图进一步丰富了Science Direct中的在线论文特性，满足了各学科的论文作者们通过地理信息数据互相认识和交流的需求。2012年7月，爱思唯尔又顺应读者需求，推出了语音阅读应用自动朗读阅读器（iSpeechAudio Reader），可朗读论文。这些举措都是以用户的需要为基础，向其开发的创新服务形式。

4. 里德·爱思维尔出版集团数字化战略面临的风险

里德·爱思维尔面临的最大的风险来自于出版信息市场激烈竞争和快速变化的特点。其产品和服务与技术的联系越来越紧密；进一步的国际化虽然扩大了里德·爱思维尔集团的国际影响力，扩大了市场，带来了收入的增长，但是因为各国法律和政策的不同，又增加了其开发成本。总的来说，里德·艾尔斯维面临的一些重要风险包括：

首先，里德·爱思维尔旗下的企业都依赖于其顾客对其产品和服务以及企业向顾客所收取的费用的接受程度。开发新产品的成本越来越高，但是，顾客对价格的接受程度有限，很难预测未来是否会有影响产品、服务和里德·爱思维尔向其顾客制定的价格的接受程度的变化的产生。例如在2003年，欧美出台政策缩减研究机构和图书馆经费的时候，很多科研机构和科学家纷纷表示里德·爱思维尔的科技出版产品定价过高。里德·爱思维尔的收入就受到了重大影响，

其次，里德·爱思维尔在电子产品和平台方面投入了大量资金。这些产品和服务的供应商之间的竞争非常的激烈，而且在某种程度上受到新技术和管理规范的变化等因素的影响，这些因素非常难控制。这些投资都属于长期投资，短期内很难看到效果，需要大量的资金支持，但是，却又很难保证这些投资将长期产生令人满意的回报。

再次，里德·爱思维尔的公司越来越依赖于电子平台和网络，主要是互联网来传递他们的产品和服务。尽管他们已经采取了一些计划和措施来降低风险，但是如果他们的电子传输平台和网络经历一个重大的问题，例如网络中断、安全性遭到侵犯等，他们的这些企业将会受到极大的负面影响。

最后，里德·爱思维尔的产品和服务大部分是由通过各种媒体传播的知识产权作品组成。其依赖于商标、版权、专利权和其他知识产权法律对我们这些产品和服务的所有权所建立的保护。但是，国际上正在开展关于知识产权的一系列的讨论，如果最后讨论的结果是降低对知识产权的维护而扩大公民传播权的维护的话，其所有权很可能受到挑战、限制、被宣布无效或者被某些人巧妙的利用（规避），这样里德·爱思维尔就会面临巨大的风险。

除此之外，还有很多因素会对里德·爱思维尔的发展构成威胁，例如整个经济大环境的影响。在 2003 年、2004 年、2012 年、2013 年，里德·爱思维尔的总收入下降，就与美国经济衰退、欧债危机、叙利亚战争的爆发有直接关系。同时，国际上正在针对科技出版领域的高利润出台一系列的政策，包括通过开放存取促进研究文献的免费公开等措施，都将对里德·爱思维尔的发展形成挑战。

参考资料：

[1]Reed Elsevier. Annual Reports and Financial Statements (2001-2013) [R/OL].

[2014-4-5] http://www.reedelsevier.com/investorcentre/reports%202007/Pages/Home.aspx

[2] Reed Elsevier. Strategy[EB/OL].

[2014-6-6]http://www.reedelsevier.com/aboutus/strategy/Pages/Home.aspx

[3] Reed Elsevier. Strategy Releases. [2014-6-6]

http://www.reedelsevier.com/mediacentre/pressreleases/pages/home.aspx

[4] 李倩. 数字出版时代欧美出版企业成功经验与启示 [J]. 中国出版，2013，(16)

学术出版巨头
泰勒·弗朗西斯的数字化转型之路

1. 集团发展历程

泰勒·弗朗西斯（Taylor & Francis Group）的发展历史最早可以追溯到 1798 年哲学家理查德·泰勒先生（Richard Tailor）创办的第一本学术期刊《哲学杂志》，其通过这本杂志和学术界建立了广泛的联系，至今这个杂志还在出版。1852 年，化学家威连姆·弗朗西斯（William Francis）博士加入，正式成立了泰勒·弗朗西斯集团。1798 年 -1970 年间，公司缓慢而稳定的增长，自上个世纪 70 年代起，泰勒·弗朗西斯集团通过收购一些独立的学术出版社，而快速发展壮大起来。1998 年 5 月，泰勒·弗朗西斯在伦敦证交所成功上市，这使得公司获得了充足的资金，得以收购优秀的学术出版社，1998 年 -2003 年间，泰勒·弗朗西斯集团收购了大量的学术和科学出版机构，这是集团通过并购实现快速增长的又一高峰期。其中，1998 年 11 月，其收购了世界上最优秀的拥有 150 年发展历史的人文社科出版社劳特里奇（Routledge）出版社，其后又陆续收购了戈登 & 布瑞奇（Gordon & Breach）、汽车传真（Carfax）、世界著名心理类图书出版社心理学出版社（Psychology Press），以及著名的生物医药类图书出版社 CRC 出版社（CRC Press）等。这些收购活动使得泰勒·弗朗西斯迅速成为世界上最大的学术出版商。2004 年 5 月，全球最大的专业信息提供商之一信息集团（Informa Group plc）收购了泰勒·弗朗西斯集团，泰勒·弗朗西斯集团成为信息集团四大业务组成部分之一——学术出版部门。泰勒·弗朗西斯集团被收购后，一直有着卓越的市场表现，从 2004 年到 2013 年，收益一直稳定增长，2013 年总收益达到 367100000 英镑，收益增长了 5.3%，是 2012 年 -2013 年信息集团三大业务部门（另外两个为商业智能（Business Intelligence）和全球活动部门（Globel Events））中，收益增长最快的部门。

2. 业务构成

泰勒·弗朗西斯的收益主要来源于内容，其中，订阅收益占总收益的 51%，版权收入占总收益的 49%。泰勒·弗朗西斯在学术期刊和图书出版方面有着非常丰富的生产经验，业务范围主要涉及社会科学、人文科学、以及科学，技术和医学。下面，我们将分别从产品、品牌和地区业务着手，简单介绍其业务构成情况。

2.1 产品构成

泰勒·弗朗西斯的主要产品包括 93000 多种图书，1700 多种期刊以及电子产品。

泰勒·弗朗西斯的图书涉及到上百个学科门类，其中，很多图书都是经久不衰的长销书。这主要得益于泰勒·弗朗西斯广泛而优质的作者资源。泰勒·弗朗西斯的图书编辑本身多是各个学科领域的专家，并对学术图书出版工作有着极大的热情，因此，其普遍善于倾听作者，关心作者需求，将作者看作最重要的资源。其与知名学者合作的历史非常悠久，弗洛伊德、爱因斯坦、罗素等知名学者和科学家都曾经是其重要作者，这又会吸引更多的学术界名人来与其合作。

泰勒·弗朗西斯的期刊也以高质量而闻名。根据汤姆森·路透 2011 年的期刊引文报告（Journal Citation Reports，JCR ®）的数据显示，2011

年，泰勒·弗朗西斯一共有 864 种被科学引文索引收录，被收录的比例近乎一半。其中，人文和社会科学期刊表现更为卓越，在 2009 年发布的《期刊引文报告社会科学版》（SSCI）中，泰勒·弗朗西斯集团尚只有 274 种被其收录，2010 这一数量继续增长，达到 356 种，2011 年泰勒泰勒·弗朗西斯共有 421 种期刊被收录其中，这也意味着泰勒·弗朗西斯集团成为了全球最大的社会科学出版商，除此之外，有 12 种是该研究领域影响因子最高的期刊，还有 65 种期刊在其所属学科领域影响因子排名前 10 位。

除了传统的图书和期刊外，泰勒·弗朗西斯还积极进行数字化转型，生产大量数字产品。这些数字产品大多是基于其传统出版资源而建立。其电子产品主要包括电子书和电子期刊数据库和网络在线平台。其从 2001 年开始开展电子书业务，目前，其已经成功建立了包含 40000 多种电子书的数据库和在线销售平台"Taylor & Francis eBooks"，主要针对图书馆客户。泰勒·弗朗西斯旗下每一个出版社都单独建立了网站，其网站也同时开展网络售书服务，并在全球建立了销售代表和代理机构。例如劳特里奇分别在英国、东亚和东南亚，北美设立了 3 个销售中心。其期刊数据库由其独立出版及与学术研究机构合作出版的 1700 多种期刊组成，这些电子期刊基于泰勒·弗朗西斯期刊在线平台"Taylor & Francis Online"销售。从 2013 年泰勒·弗朗西斯发布的财务报告中，我们可以看到，泰勒·弗朗西斯的数字化策略卓有成效，数字产品收益已经占到集团总收益的 70% 以上。

2.2 品牌构成

2.2.1 劳特里奇出版社

劳特里奇出版社是泰勒·弗朗西斯集团于 1998 年在伦敦证交所上市后收购的一家出版社，其产品主要包括社会科学教材、研究（包括人文和社会科学领域最杰出的原创研究成果，由一个或多个作者的图书和编辑的文集组成，研究项目根据研究主题进行分类，分为 19 个大类）、期刊（从 2005 年 1 月开始，泰勒·弗朗西斯集团出版的所有社会科学、艺术和人文科学期刊都由劳特里奇出版社整合出版）、学术和专业出版物（过去一百多年来著名的思想家和学者的著作，例如罗素的《西方哲学史》）、参考（参考书因为其准确性和可靠性获得极高的声誉并得到全球研究者的广泛应用）以及网络参考工具（目前，其一共建立了有 6 个网络参考工具）。

从 2005 年 1 月开始，泰勒·弗朗西斯集团将其所有的社会科学、艺术和人文科学（Social Science, Arts and Humanities, 简称 SSAH）期刊都统一整合，以劳特里奇出版社的名义出版，这使得其在 SSAH 研究领域获得了强大而统一的地位，成为世界上最成功的 SSAH 出版商。劳特里奇还是世界上很多最著名的学术团体和协会的首选出版合作伙，例如区域研究协会（Regional Studies Association）、英国教育研究协会（British Educational Research Association）、心理学治疗研究学会（Society for Psychotherapy Research）、欧洲会计协会（European Accounting Association）、国家通信协会（National Communications Association）、乐施会（Oxfam）以及澳大利亚哲学学会（Australasian Association of Philosophy）等。

2.2.2 心理学出版社

心理学出版社主要为满足那些人类和动物行为研究的研究者、专业人士和学生提供其所需要的内容产品。其出版了很多重要的哲学教材、专著、专业图书、测试和期刊，都同时提供印刷版和电子版。该出版社出版最广泛意义的心理学产品；包括生物学、神经科学、语言学、人工智能和社会学。其出版这些学科领域的新的研究进展和学术前沿成果，与研究团体也保持着紧密合作也可以作为佐证。其分为图书部门和期刊部门，其中，图书出版部门非常重视建立国际化的作者队伍，出版各种高水平的心理学教材和研究成果。例如《认知心理学和认知神经科学》（《Cognitive Psychology and Cognitive Neuroscience》）、《发展心理学》（《Developmental Psychology》、社会心理学（《Social Psychology》）、《神经心理学》（《Neuropsychology》）以及工业心理学（《Industrial Psychology》）等，除此之外，弗洛伊德的多本心理学著作最初都是交由心理学出版社出版。与此同时，其一共出版 29 种心理学领域的国际期刊，这些期刊中，被社会科学引文索引收录的期刊数量达到 17 种，超过期刊总量的一半。目前，其期刊的读者和引用量仍然在增加，这得益于其期刊编辑和投稿者在心理学研究方面杰出能力。其将这些内容资源整合，建立了数据库心理学在线

（Psychology Online），该数据库的订阅量也保持着良好的增长势头。心理学出版社正致力于出版和传播心理学相关领域内最好的著作和论文。

2.2.3 CRC 出版社

CRC 有 100 多年的发展历史，是一个专注于科学、工程和医学领域内专业参考书和期刊以及其他订阅产品的专业出版社。CRC 出版社每年出版 350 余种新书，现存书达到近 7000 种。除此之外，其还出版了 32 种期刊，这 32 种期刊中科学引文索引检索的期刊共有 14 种，近乎一半。

2003 年 4 月 7 日，泰勒·弗朗西斯以 5860 万英镑的价格收购了 CRC 出版社，这是通过获得一个新的 1.65 亿英镑的多币种循环信贷资助而完成的。

CRC 的收购增加了 6000 多种书和 32 种期刊以及这些产品的订阅数据库和通讯。CRC 在科学、工程和医学出版领域有非常高的知名度，这为以社会科学和人文科学出版物为优势的集团增加了一股新的获利，取得了一种平衡。对 CRC 的收购也使集团获得了至关重要的受众和基础设施，帮助集团可以将进一步的美国的收购进行更有效的整合。其为集团的收益增长贡献了 234 万英镑，利润为 480 万英镑。

2.2.4 加兰科学出版社（Garland Science Press）

加兰科学出版社是最著名的细胞学和分子生物学，免疫学和蛋白质科学领域的教材出版商，其出版物包括多种以上学科领域的经典教材，例如《细胞分子生物学》（《Molecular Biology of the Cell》）、免疫学（《Immunobiology》）以及《蛋白质结构概论》等（《Introduction to Protein Structure》）。

2.2.5 焦点新闻出版社（Focal Press）

焦点新闻出版社由安德·克纳兹纳－克劳兹（Andor Kraszna-Krausz）建立于 1938 年，迄今为止，已经有 76 年的发展历史，该出版社主要出版那些有助于提高读者创意的图书，帮助读者获得无障碍的创意所需要的专业知识、技能和工具。焦点新闻出版社是媒体技术领域的领导者，提供摄影和数码影像、电影制作和后期制作、音频和音乐技术、动画、游戏、媒介艺术和新闻、戏剧、网络和交互设计方面的专业信息内容产品。其于 2012 年被泰勒·弗朗西斯集团收购，与劳特里奇出版社形成互补，提供了涵盖媒体和艺术理论与实践的完整的内容产品系列。

2.3 地区业务构成

作为发源于英国的出版集团，泰勒·弗朗西斯也致力于全球化发展战略，并大获成功。泰勒·弗朗西斯2013年财务报表显示，其地区市场构成中，英国市场仅占16%，北美市场占到46%，欧洲市场13%，其他地区则占到25%。

3. 泰勒·弗朗西斯的数字化转型路径

2013年，泰勒·弗朗西斯的数字化发展战略取得了良好的进展，包括其开放存取能力得到了提高，其提供了更多的数字化产品，并成功并购了一些小的学术出版和科技出版企业。其中，2013年泰勒·弗朗西斯所有的新书均实现了数字化出版和销售，数字图书收益超过图书总收益的20%（2012年为16%），尽管电子书收益增长可能会对印刷图书产生替代作用，然而数字格式的灵活性和全球传播渠道也代表着产品创新的新的机会以及为小众图书提供更多的转化为有效收益的机会。2013年，其期刊部门也表现良好，这主要是由其内容和出版专业能力的需求增长带来的。泰勒·弗朗西斯期刊在线平台2013年的使用增加了30%以上，继续赢得了出版学会期刊的合同，这些学会期刊现在已经成为其期刊部门的重要组成部分。集团也一直都在赢得一些小型期刊数据库的交易。产生这种状况，主要得益于泰勒·弗朗西斯逐步的数字化转型路径的成功。

3.1 积极拓展网络销售渠道

泰勒·弗朗西斯在本世纪初就注意到数字化对出版业的巨大影响，并通过积极拓展网络销售渠道应对这一变革。注意到网络销售渠道逐渐战胜大学书店、连锁书店等专业图书和大学教材的传统销售渠道，逐渐向网络销售渠道，例如亚马逊等网络书店倾斜。除此之外，如前所述，其从2001年就开始开展电子书业务，开通了电子图书在线销售平台 www.eBookstore.tandf.co.uk 网站，目前开通了英国、美国、印度、日本等不同国家的站点。该网站提供 pdf 和 epub 两种格式的电子图书，还提供有声图书，这主要是针对大学教材额外制作出版的电子图书。电子书店将读者分为个人读者／购买者和机构购买者，在电子书店列举的图书的价格主要针对个人读者以及想要购买网络图书的机构读者。例如图书馆和研究机构等，则有专门的营销团队负责。该网站不但卖书，同时还提供图书出租服务，读者可以租一天、一周或者一个月，这对于大学生群体而言非常适用，因为学生写论文时，往往需要同时查阅和阅读多本专著，如果买这些书，泰勒·弗朗西斯图书的专业性较强，市场需求较窄，因此可能一本书就得花费 100-500 美元，而通过租书，一晚只需付一二十美元可能就得到了所需要的全部内容，对这些学生而言，网上图书租借既方便又便宜，对于泰勒·弗朗西斯而言，租书业务的开展又给其带来了很好的额外收入。除了此平台外，泰勒·弗朗西斯旗下的五大出版社网站均开展网络售书业务。

泰勒·弗朗西斯自上个世纪 90 年代起就开始发展电子期刊，其一方面通过其期刊在线销售平台"Taylor & Francis Online"销售电子期刊，个人读者可以购买一篇论文，也可以整本期刊打包购买，还可以网上订阅电子期刊。当然，泰勒·弗朗西斯期刊的主要销售对象还是图书馆，销售方式以捆绑销售为主，捆绑形式包括学科捆绑、电子＋印刷期刊捆绑以及将其旗下所有期刊和图书资源整合在一起捆绑销售等形式。泰勒·弗朗西斯的期刊通过执行严格的同行评审，吸引最优秀的作者资源，只发表高质量的文章而获得了较高的影响力。与此同时，结合先进的现代检索技术的内容数字化，可以帮助研究人员快速而准确的识别并提出相关数据和信息，增加期刊论文的获取和引用量，这也有助于期刊影响力的提高。

3.2 积极采用网络营销方式

泰勒·弗朗西斯 2006 年就加入了"谷歌图书搜索（Google Book Search）"项目，与谷歌保持着良好的合作关系。该项目伊始，受到了不少出版商的联合反对，然而，泰勒·弗朗西斯则坚定的与其开展合作，合作成效也非常显著。其一方面使其电子书店，www.eBookstore.tandf.co.uk 为更多读者注意到，另一方面，读者通过谷歌可以搜索到其图书中的几页内容，这会促使需要更多内容的读者去买泰勒·弗朗西斯的图书。其在刚计划加入这一计划的时候，也遭到过很多反对，集团内也有很多人担心读者看到谷歌搜到的几页内容（其图书可以提供在线免费浏览 5%-20% 的内容）就足够了，反而不买其图书产品，从而导致其销售额下降。但是事实证明，这一担心是多余的，加入这一计划后，泰勒·弗朗西斯图书销售量不仅没有下滑，反而获得了较大的增长。因此，其后泰勒·弗朗西斯又加入到了谷歌的学术期刊内容搜索计划 "Google Scholar" 中，这也给泰勒·弗朗西斯带来了个人读者期刊销售额的增长。

除了加入技术商发起的旨在提高研究成果获取便利性的这些计划之外，泰勒·弗朗西斯还积极利用现代新型传播技术，开展营销，例如其官方网站和旗下出版社的官方网站均在社交媒体网站，包括YouTube、Facebook、Twitter、Flickr 等建立了账户，利用社交媒体推广其产品。

3.3 注重服务

泰勒·弗朗西斯集团在牛津、纽约、费城、波士顿、博卡拉顿、墨尔本、新加坡、北京、东京、新德里和斯德哥尔摩、约翰内斯堡都建立了办事处，其员工为其编辑、学术团体和作者提供专业帮助，为其图书馆同事提供定制的、高效的客户服务。其为作者专门设置了一个页面，提供详细的出版指导和帮助，帮助作者了解其文章在泰勒·弗朗西斯的发表流程，并会指导作者如何写作、提交文章，以此为作者投稿提供建议。对于读者而言，其为个人读者提供了社会书签工具，该工具可以帮助读者将其最喜欢的文章组织在一起，这些工具全部都是免费的。针对图书馆读者，其提供使用答疑，账户管理等服务，除此之外，其还为图书馆员专门制作了网页帮助他们管理他们的收藏并跟随泰勒·弗朗西斯最新的发展。其还将期刊按照学科进行分类，分为 48 个类别，图书馆客户可以有选择的挑选一些期刊打包购买。

3.4 持续创新

泰勒·弗朗西斯还非常注重创新，其创新包括产品创新、技术创新和商业模式创新。

3.4.1 产品创新

泰勒·弗朗西斯非常注重产品创新。随着中国经济和文化地位的提高，很多研究者也开始关注中国问题，在此背景下，泰勒·弗朗西斯开办了 eFocus on China 项目。该项目是与中国相关的电子书文库，主要为那些对中国事务感兴趣的研究人员服务。该项目集合了上百本电子书，这些电子书涉及中国文化、哲学、历史、法律、政治等领域。这个文库的规模不断增长，每年都在增加新的电子书。

2014 年，泰勒·弗朗西斯成功推出南亚文化和历史档案，一个独一无二的地方史在线档案 / 仓储，包括超过五百万页的有价值的研究和教学材料。这个新项目将数字技术广泛运用于一个新的产品类别，其成功将会鼓励团队开发未来具有潜力的更多的数字产品门类。

2014 年，其还上线了"英国历史文件在线"（English Historical Documents Online），该平台专门为历史专业的学生和研究者服务。该平台集合了首次数字化和标记的数万罕见的文档。这是一个数字化的数据库，包含有 5500 多份主要的历史研究源文件，这些文件涵盖了英国公元前 500 年到 1914 年的历史文件。

3.4.2 技术创新

泰勒·弗朗西斯还非常注重技术创新。例如 2013 年，泰勒·弗朗西斯电子书平台改进了功能，显著提高了其电子书内容访问的速度。功能改进后，用户不必等到下载完整的 PDF 版本的电子书后才能开始阅读其内容，他们可以一边下载一边阅读。

2014 年 1 月 30 日，泰勒·弗朗西斯与在线知识分享平台"图表分享"（Figshare）达成合作协议，帮助研究人员安全的建立、发布和分享其研究成果。图表分享是专门为研究者、学术研究机构和出版商服务的研究数据管理工具。该平台允许浏览器对任何形式的文件可视化，因此，图表、数据集、媒体、报纸、海报等各种在传统学术出版模式下不允许传播的内容均可以在这里传播。其是数字科学公司的业务部门。

泰勒·弗朗西斯与在线知识分享平台"图表分享"的合作使得其期刊论文的补充材料也有了新的传播渠道。从这一天起，泰勒·弗朗西斯网络在线平台（Taylor & Francis Online）也可以立刻阅读图表、数据集、文件集、视频等期刊论文的补充材料，这些材料还可以被"图表分享"主办的搜索引擎轻松地检索到。这项技术合作可以让期刊论文作者使用图表分享的技术发布其补充数据。这使得作者不仅可以看到其补充材料，他们还可以便利的分享这些材料，并通过"图表分享"的的度量函数追踪到用户的使用情况。上传到"图表分享"的每一份文件都很容易被引用。"图表分享"上的每一项数据都将链接回泰勒·弗朗西斯在线平台相应的文章，这样，研究者不仅更容易发现补充材料，也更容易关注到相应的文章。这项合作将会帮助研究者只需输入一个简单的词就能通过搜索引擎找到丰富的研究材料，帮助其未来的研究，也会提高作者的作品的知名度。

2014 年 1 月 30 日起，泰勒·弗朗西斯在线平台发布的所有新文章的补充材料都将自动上传到"图表分享"。与"图表分享"合作关系的建立将会帮助泰勒·弗朗西斯 1700 多种期刊中不同类型的数据实现可视化。

3.4.3 商业模式创新

泰勒·弗朗西斯非常注重商业模式创新，其开展了按需印刷和开放存取出版等新的学术出版商业模式，给集团的发展注入了新的活力。

（1）发展按需印刷

印刷技术的进步给泰勒·弗朗西斯按需印刷高质量的图书提供了可能。因为泰勒·弗朗西斯的主营产品是学术出版产品而非大众产品，注重图书的品质和专业性，所以其出版的图书除了一些经典教材外，其他图书普遍印数不高，单价偏贵。而在按需印刷商业模式下，其成本远远低于批量印刷的成本，可以帮助泰勒·弗朗西斯增加收益，保护环境。除此之外，因为电子图书在简化了出版业流程的同时，也开始改变出版社与作者之间的关系，并催生了大量电子与纸质书籍之间的互动，也改变了工作方式，现在读者一般倾向于先上网搜索，再"按需印刷"，也就是说，纸质书成了辅助，先了解需要什么书，需要多少本再去印刷出版，这在出版界已经形成了趋势。泰勒·弗朗西斯在此环境下也积极发展按需印刷，在其电子书销售平台上，读者可以付费打印一本书中的几页，或者购买不同的书的章节组合在一起，自己编辑成一本书。2007 年泰勒·弗朗西斯按需印刷的图书就增加了 50%，每本书的平均印数则降低了 50%，这为泰勒·弗朗西斯节省了更多的成本，增加了收益。

（2）发展开放存取出版商业模式

劳特里斯和泰勒·弗朗西斯从 2006 年开始启动开放存取出版模式。其开放存取出版项目包括以下产品：

开放存取期刊项目（Taylor & Francis Open and Routledge Open）。该项目 2006 年开始启动，目前已经建立了 28 种完全开放存取期刊。这些期刊的文章同样要接受严格的同行评审。

开放选择。采用金色开放存取模式出版的混合型开放存取期刊——泰勒·弗朗西斯一共有 1600 余种期刊采取这种开放存取出版模式。作者可以选择在一种订阅型期刊上发表文章并支付一定费用，通过泰勒·弗朗西斯的开放选择项目，确保你的文章可以通过网络免费阅读和下载。大部分期刊都提供这种选择，这些期刊的的主页上标注有开放选择标志。如果作者不想支付这项费用，那么你可以采用选择绿色开放存取之路。如果作者选择加入泰勒·弗朗西斯开放选择和劳特里斯"开放选择"项目，费用为 2950 美元（1788 英镑 /2150 欧元）

Cogent OA。这是泰勒·弗朗西斯 2013 年启动的开放存取定制项目，布莱恩·威克里（Bryan Vickery），世界最大的开放存取出版商的前任首席运营官加入到这一项目中，提高了其开放存取出版能力。Cogent 计划一开始推出基于主题相互关联的 15 种开放存取期刊，涉及学科包括行为科学，生物学和工程学。借助于泰勒·弗朗西斯在这些学科领域的强大影响力，这些期刊项目一经推出就受到了大量作者投稿。

劳特里斯图书开放存取项目（Routledge Books Open Access）。劳特里斯图书开放存取项目是泰勒·弗朗西斯集团启动的一个新的项目。该项目允许作者及其资助者出版开放存取研究著作。加入劳特里斯图书开放存取项目的著作出版后，这些著作可以基于 CC-BY-NC-ND 协议迅速提供免费获取和下载服务。这个图书部门开展的项目是其著名的劳特里斯以及泰勒·弗朗西斯开放选择期刊项目（Routledge and Taylor & Francis Open Select journals programmes）的有益补充。其包括劳特里斯以及泰勒·弗朗西斯旗下的其他出版社涵盖的人文科学，社会科学以及行为科学等各个学科的书籍。这个项目是劳特里斯出版社响应学术研究团体以及那些学者寻求新的出版模式替代完善的传统的学术出版形式的需求而建立的。该项目主要为那些想要支持开放存取出版的作者和资助者服务。该项目具有多项优势。首先，加入劳特里斯图书开放存取项目，著作一经出版，就会在劳特里斯／泰勒弗朗西斯电子书平台发布，读者可以通过网络迅速免费获取。读者可以在线阅读或下载图书的 pdf 版本。除了劳特里斯／泰勒弗朗西斯电子书平台外，读者还可以从商业发行渠道例如亚马逊免费获取图书。除此之外，加入该项目还会极大增加著作的知名度和曝光度。因为劳特里斯图书开放存取研究专著得到劳特里斯全球范围内的销售和营销部门的全力支持，这些图书被读者阅读和使用的几率高于一般图书。当然，作者保留版权也是该项目的重要优势之一。该项目遵循非商业属性禁止演绎许可协议（Attribution-NonCommercial-NoDerivs（CC BY-NC-ND）license）。基于这项协议，其他人可以下载作者的作品并与其他人分享作者的作品，但是他们不得改变作者的著作，也不能采用任何商业化方式使用作者的作品。泰勒·弗朗西斯开放存取许可协议也允许读者对作品进行文本和数据挖掘。同时，加入劳特里斯图书开放存取项目的所有著作均受到严格的同行评审以确保其学术质量和诚信，最高的学术标准。其格式也非常灵活，既提供免费的在线版本，也提供可供免费下载的 PDF 版本，另外，还提供印刷本。

2014 年 2 月，在泰勒·弗朗西斯集团的支持下，旨在向英国公共图书馆提供免费的步入式访问大量学术文章和研究成果的试点项目——Access to Research 正式启动。通过该项目提供的服务，图书馆用户可以获取泰勒·弗朗西斯旗下 1100 多种期刊（从会计学到生态学）发表的文章以及另外 16 个一流出版商出版的内容。这个试点项目经历了 3 个月的技术测试，泰勒·弗朗西斯也参与其中。该项目的目标是探讨如何扩大公共获取研究的范围和数量。泰勒·弗朗西斯支持这个可以进一步扩大作者研究文献交流范围和平台的项目。目前，大多数研究者通过其机构图书馆访问泰勒·弗朗西斯的期刊，Access to Research 项目则主要强调小企业、独立研究者和对科学研究感兴趣的社会公众获取研究文献的重要性。其重申了公共图书馆在英国扮演的重要角色，泰勒·弗朗西斯也非常支持 Access to Research 的这一目标。

4. 泰勒·弗朗西斯数字化转型的成功给我们的启示

4.1 基于市场需求，逐步推进

从泰勒·弗朗西斯的数字化转型道路中，我们可以看到，其并不是试图一蹴而就，而是基于市场需求特点，逐步推进。因为专业期刊读者从印刷产品到电子产品需求的转移趋势更明显，因此，其最初试行数字化转型的是期刊出版部门。在期刊部门数字化转型初见成效后，其再开启图书出版的数字化转型。同时，其图书部门的数字化转型，首先，并不是产品的转型，而是基于读者需求和购买行为特点的变化，首先开启网络售书渠道，在这一渠道成功的促进图书产品销售后，在开始实行产品的数字化，开始发展电子书项目。在此基础上，其在传统专业图书和期刊商业模式的基础上，开启按需印刷和开放存取出版项目。从这一路径中，我们可以看到，泰勒·弗朗西斯的数字化转型并未求快，而是在保持原有市场的基础上，稳扎稳打，逐步推进。

4.2 持续创新和合作

创新是企业发展的动力，我国的出版企业因为长期受到政府部门的"保护"，因而极度缺乏"创新意识"，可是，泰勒·弗朗西斯则非常注重持续的创新，其从产品、技术和商业模式等方面，不断坚持创新。然而，创新也需要大量的成本和精力，因此，泰勒·弗朗西斯在创新的过程中还非常注重加强合作，合作包括与研究学会在新产品开发和营销创新方面的合作，也包括技术方面的合作。

4.3 细分市场，强化服务

和其他市场不同，出版市场主要满足的是读者的精神文化需求，这些需求有时连读者自己都很难描述，因此，出版市场需求是最难把握的市场需求之一。而泰勒·弗朗西斯则将市场进行深度细分，例如其按照不同形式，将市场分为期刊市场，图书市场和电子产品市场；按照所属不同学科，将产品分为118个细分市场；按照读者规模，又将读者分为个人读者市场和机构读者市场；按照读者的职业又将读者分为学生市场、研究者市场和专业人士市场。通过深度的市场细分，其能够更好的发现读者需求，并在此基础上，根据不同的市场，提供不同的服务。

参考文献：

［1］ Informa Annual Reports（2006- 2013）[EB/OL]. [2014-5-20]http://www.informa.com/Corporate-responsibility/CR-Reports/

［2］Taylor & Francis expands public access through Access to Research project[EB/OL]. [2014-5-22]

http://doyle.house.gov/press-release/representatives-urge-white-house-support-public-access-federally-funded-research

［3］Informa's Taylor & Francis extends green Open access zero embargo pilot scheme [EB/OL]. [2014-5-22]

http://www.informa.com/Media-centre/Press-releases--news/Latest-News/Informas-Taylor--Francis-extend-green-Open-access-zero-embargo-pilot-scheme/

［4］About Routledge Books Open Access[EB/OL]. [2014-5-22]

http://www.taylorandfrancis.com/info/open_access/

［5］Improved functionality on Taylor & Francis eBooks: access our content more quickly[EB/OL]. [2014-5-22]http://www.taylorandfrancis.com/online/articles/improved_functionality_on_taylor_francis_ebooks_access_our_content_more_qui/

［6］eFocus on China a must for Asian Studies and International Relations[EB/OL]. [2014-5-22]http://www.taylorandfrancis.com/online/articles/efocus_on_china_a_must_for_asian_studies_and_international_relations/

［7］ 李丽．泰勒·弗朗西斯出版社：学术出版要"搞好关系"[N]．中国图书商报，2006-1-17（013）

［8］张晶．学术出版的数字未来 [N]．经济观察报，2007-5-14（053）

PLoS 的成功及其给我国
科技期刊网络发表平台建设的启示

1.PLoS 产生的背景和历史

　　1999 年，诺贝尔奖获得者、生物医学科学家、时任美国国家健康研究院（National Institute of Health ,NIH）主任的哈罗德·瓦穆斯（Harold Varmus）倡议由 NIH 建立一个包括已发表的和未发表的学术论文的开放存取（Open Access，OA）知识库，这个倡议的结果是 PubMed Central(PMC)于 2000 年 1 月建立。在此基础上，2000 年 10 月哈罗德·瓦穆斯又协同斯坦福大学的生化教授，基因芯片技术的殿基人之一帕垂克·布朗（Patrick O.Brown）博士以及加州大学伯克莱分校的遗传学教授迈克尔·艾森（Michael B. Eisen）博士创办了 PLoS[1]。

　　PLoS 是公共科学图书馆（The Public Library of Science）的简称，它是一家由众多诺贝尔奖得主和慈善机构支持的非赢利性学术组织，旨在推广世界各地的科学和医学领域的最新研究成果，使其成为一种公众资源。科学家、医生、病人和学生以及对科学和医学感兴趣的全体公众可以通过这样一个不受限制的平台来了解最新的科研动态。PLoS 实行并推动开放存取出版，为在数字出版技术背景下推翻科学信息传播的障碍提供投资。他们努力建立一个能够使得出版的科学和医学文献的所有内容都能够自由存

---

1. About PLoS.[EB/OL][2014-3-3]http://www.plos.org/about/index.html

取的网络仓储。其目标是：通过为世界各地的科学家、医生、病人或学生提供获取最新科学研究成果的不受限制的访问途经，来打开进入世界科学知识宝库之门；通过能够免费搜索每篇已发表论文的全文来查找特定的思想、方法、实验结果和观察结果，以推动科学研究、基于可靠知识的医疗实践和教育；使科学家、图书馆员、出版者和企业家能开发出创新性的方法来探索和利用世界科学思想与发现的宝库。[1]

PLoS 一成立就向科学家们寄发公开信，鼓励科学出版者通过如美国国家医学图书馆（National Library of Medicine，简称为NLM）的 PubMed Central（简称为PMC）那样的免费网络公共仓储让他们的研究文献可以被公众自由免费获取。全球 180 个国家的大概 34000 名科学家签署了这封公开信，这为很多科学出版者能够更自由的获取研究文献迈出了重大的一大步。不幸的是，因为当时缺乏经验，PLoS 未能提出合理的政策，出版商很快对此失去了兴趣[2]，甚至发起联合抵制行动。

瓦穆斯创办公共图书馆遭遇出版者的抵制以后，开始学习 BMC（BioMed Central）的做法，出版开放存取期刊。2002 年 12 月，PLoS 从戈登＆贝蒂·摩尔基金会（Gordon and Betty Moore Foundation）获得 900 万美元为期 5 年的赞助之后，PLoS 开始招募工作人员成立了期刊编辑部，并于 2003 年 10 月，成功地创办了其第一种 OA 期刊 PloS Biology。与 BMC 不同，PLoS 有着更高的目标，它将与《科学》、《自然》、《细胞》等国际上顶级水平的科学期刊进行竞争。为此，PLoS 得到了一些重量级的科学家的支持。例如曾经在《自然》、《科学》和其他杂志上发表过很多论文德米格尔·尼古莱利斯博士就指出"这（PLoS）是我们所拥有的最好的杂志之一。我们曾经在其他所有主要刊物上发表过论文，我们也应该在该杂志上发表论文，以表示对它的支持。"[3]

PloS 由董事局管理，董事局共有 14 名成员，其中董事局主席由哈罗德·瓦穆斯担任。PloS 在发展的过程中始终坚持 9 个核心原则。这 9 个核心原则包括：

（1）开放存取。PLoS 出版的所有材料，不管是否由 PLoS 提交或者创作，

1. 王应宽. 开放存取期刊出版：PLoS 案例研究 [J]. 出版发行研究，2006（5）：59
2. About PLoS. [EB/OL][2014-3-3]http://www.plos.org/about/index.html
3. 林成林 . STM 出版遭遇 OA 挑战 [N]. 中国图书商报，2005-1-7（76）

都是基于开放存取协议出版，允许无限制的使用、传播和以任何媒介形式重复生产，原创作品可以对其合理引用。

（2）精品。在内容、风格和版面设计等编辑的各个环节，在对科学团体和公众的透明性和可获取性以及教育价值方面，PLoS 都坚持高标准，致力于创造精品。

（3）科学正直。PLoS 履行公正、严格的编辑程序，其是否发表的唯一标准是论文的科学质量和重要性，是否支付发表费不会影响稿件的录用决定。

（4）拓宽范围。尽管从实效的角度，PLoS 应当主要致力于出版生命科学类的具有重大影响力的研究成果，但是 PLoS 仍然倾向于尽可能快而有效的扩大其出版范围，为出版其他有价值的科学和学术文章提供一个媒介。

（5）交流合作。PLoS 热情欢迎而且积极寻求与任何团体（科学团体、内科医生、患者申诉团体、教育机构）通过开放存取的方式分享他们的研究成果的机会，通过这种自由获取科学信息的方式可以促进科学进步和社会的发展。

（6）财务公正。作为一个非营利性组织，PLoS 向作者收取真实反映出版实际成本的公平的费用。然而，作者付的出版费用的多少并不会对作品的实际出版产生任何影响。

（7）服务社会。PLoS 是一个致力于使得各种水平的在职科学家都能够积极参与进来的基层组织，其每一个出版决定实际上都是以其服务的顾客（科学家、内科医生、教育者和公众）的需要为基础。

（8）国际性。科学是国际性的，PLoS 的目标是为所有人、所有地区提供科学文献的通路；通过出版每个国家的研究成果，通过雇佣各个不同地区的科学家加入编辑队伍，成为一个真正的国际性的组织。

（9）科学是公共资源。创建科学公共图书馆的任务不仅包括提供对科学研究思想和发现的自由的访问，而且包括开发工具和材料以满足公众的兴趣与想象力，还包括帮助非科学家了解和欣赏科学发现和科学方法。[1]

---

1. PLoS Core Principles[EB/OL].[2014-3-3].http://www.plos.org/about/principles.html

2．PLoS 的业务情况

2.1 PLoS 创办的开放存取期刊的概况

从 2003 年创办第一份开放存取期刊 PLoS Biology 以来，PLoS 又陆续创办了 PLoS Medicine、PLoS Computational Biology、PLoS Genetics、PLoS Pathogens、PLoS ONE 和 PLoS Neglected Tropical Diseases 这六种国际著名的开放存取期刊，以及一个网络中心 The PLoS Hub for Clinical Trials。基本情况如下：

（1）PLoS Biology，2003 年 10 月创刊，是一种开放存取、同行评审的生物综合期刊，由 PLoS 出版，同时出版在线网络版和印刷版，其中网络版为周刊，印刷版则为月刊。其主要出版那些生物科学各个领域的具有重要意义的、原创和适当的文章，从分子学到生态系统，包括其他相关学科，例如化学、医学和数学。其读者包括国际科学团体，教育者、政策制定者、患者申诉团体、以及世界上所有对这些学科感兴趣的公众。[1]

（2）PLoS Medicine，2004 年 10 月创刊，其是一份开放存取的，同行评审的医学刊物，为医学各个领域重要的、同行评审的研究工作提供开放存取的平台，目标是为了改善人类健康，并鼓励和支持为减轻人类疾病痛苦而进行的所有研究和评论。PLoS Medicine 提供网络版和印刷版，均为月刊。PLoS Medicine 是一份国际性的包含医学所有学科门类的期刊，其出版那些能充分加强对人类健康和疾病的理解的杰出的研究，包括交叉学科的文章，主要出版那些源自于医学实践的研究成果，有时也会出版那些与临床医学高度相关的动物模型研究。其目标是促进从基础研究向临床研究的转化，并进一步促进临床研究能够应用于临床实践[2]。

（3）PLoS Computational Biology，2005 年 6 月创刊，是一种开放存取、同行评审的期刊，由 PLoS 主办，国际计算生物学学会（International Society for Computational Biology，ISCB）协办，并作为国际计算生物学会的官方期刊通过网络每月出版。其主要刊登采用计算方法研究各类生

1. About PLoS Biology[EB/OL]. [2014-3-3]. http://journals.plos.org/plosbiology/information.php
2. About PLoS Medicine[EB/OL]. [2014-3-3]. http://journals.plos.org/plosmedicine/information.php

物系统的特别重要的成果，其刊登的文章局限于那些从生物学的视角来描述的新方法，这些新方法要能对计算生物学的发展具有重要影响，其刊登的研究文章要求有所突破和创新。需要注意的是那些描述改进和常规的方法、模型、软件和数据库的文章不予考虑，他们更适合刊登在 PLoS ONE。其读者包括那些能够通过刊登的这些重要发现促进学科进一步发展的生命和计算科学家[1]。

（4）PLoS Genetics，2005 年 7 月创刊，是一种开放存取、同行评审的期刊，其通过出版杰出的原创的科学发现反映了生物学所有领域的研究的广泛性和交叉性。PLoS Genetics 只出版网络版，为周刊。PLoS Genetics 出版人类研究和组织模型——从老鼠到苍蝇，从植物到细菌。其偏向那些从组织学的视角来解释或证明生物过程的文章，主要包括而不局限于基因发现和功能、人口遗传学、基因组方案、比较功能基因学、医学遗传学、疾病生物学、生物进化学、基因式、综合体特性、染色体生物学和实验胚胎学[2]。

（5）PLoS Pathogens，2005 年 9 月创刊，是一种开放存取、同行评审期刊，由 PLoS 每月出版网络版。此期刊刊登那些在帮助我们进一步了解病原体以及病原体和主要生物体如何相互影响方面具有重要推动作用的原创的高质量的文章，出版范围包括细菌、真菌、寄生虫、朊病毒，以及造成多血症的病毒研究，具有重要的医学，农业和经济影响。其主题包括而不局限于先天免疫体和抗病原体，新兴病原体，演变，基因组学和基因调控，主要有机体模型，病原体细胞生物学，发病机理，朊病毒，蛋白质组学和信号转导，合理的疫苗设计，结构生物学，毒力因子[3]。

（6）PLoS ONE，2006 年 12 月开始在线出版经过同行评审的科学和医学各个领域的研究成果。与其他期刊不同的是其同行评审过程并不审查作品的重要性，而主要是关注作品是否具有高度的科学性以及是否遵循出版道德。PLoS ONE 出版科学和医学所有学科的原创性研究成果，包括那些交

1. About PLoS Computational Biology[EB/OL].[2014-3-3].http://www. ploscompbiol.org/static/information.action
2. About PLoS Genetics [EB/OL].[2014-3-3] http://www.plosgenetics.org/static/information.action
3. About PLoS Pathogens [EB/OL].[2014-3-3] http://www.plospathogens.org/static/information.action

叉学科[1]。

（7）PLoS Neglected Tropical Diseases（NTD），2007年10月创刊，世界上第一种致力于世界上被忽视的热带病的开放存取期刊，例如象皮病、河盲症、麻风病、十二指肠病、血吸虫病以及非洲昏睡病。这份期刊关注那些被世界忽视的人群的被忽视了的疾病，其出版的作品是高质量的经过同行评审的在科学、医学和公共卫生方面具有重要价值的作品。这份期刊最开始是获得由比尔和梅林达基金（Bill and Melinda Gates Foundation）的资助出版的。PLoS Neglected Tropical Diseases专注于出版那些对NTD的病理学、流行病学、治疗、控制和预防，以及相关的公共政策[2]。

（8）The PLoS Hub for Clinical Trials，2007年8月创办，是PLoS的第一个网络中心———一个针对某个专门领域的内容窗口。PLoS网络中心将会将很多期刊的开放存取的文章收集在一起，并会允许一部分对某一个相同主题有相同兴趣的人分享他们的观点、知识，并最终建立一个有活力的交互的社团。提到The PLoS Hub for Clinical Trials，就不得不提到2006年5月创刊的PLoS Clinical Trials，其刊登所有的医学与公共健康学科领域的临床实验研究成果。不过在2007年8月份，PLoS Clinical Trials停刊，PLoS创办了The PLoS Hub for Clinical Trials，并完成了对PLoS ONE和PLoS Clinical Trials的合并。但是PLoS Hub本身并不是一种期刊，作者仍然需要将临床试验研究文章提交到最符合需要的期刊。其中被PLoS ONE所接受的临床医学研究文章会自动出现在The PLoS Hub for Clinical Trials，而如果作者将文章提交到另外一种PLoS期刊，在PLoS的主页上将会提供一个到那份期刊上那篇文章的链接。目前，The PLoS Hub for Clinical Trials的文章主要包括原来出版在PLoS Clinical Trials的文章以及PLos ONE中的临床医学类的文章。未来，这个新的资源将会进一步扩大，将所有PLoS期刊中出版的临床医学文章囊括进来。The PLoS Hub for Clinical Trials创办在"beta"（测试第二版在软件领域，"beta"是指一种新应用程序或者软件在正式投放市场之前，在测试阶段推出的第

---

1. PLoS ONE Journal Information[EB/OL].[2014-3-3] http://www.plosone.org/static/information.action
2. About PLoS Neglected Tropical Diseases[EB/OL].[2014-3-3] http://www.plosntds.org/static/information.action

二个版本）， The PLoS Hub for Clinical Trials 将 PLoS 期刊中与临床试验有关的文章收集到一起，出版所有适合实施和报道的临床试验结果，并让这些必要信息可以自由的为公共所获取[1]。

2.2 PLoS 期刊遵循的出版政策

2.2.1 知识共享署名许可协议（Creative Commons Attribution License，简称为 CCAL 协议）

PLoS 认可百斯达宣言（Bethesda Meeting）对开放存取出版的定义，并选择遵循限制较小的知识共享署名许可协议（Creative Commons Attribution License，简称为 CCAL 协议）作为自己的版权政策。知识共享署名许可协议是知识共享许可协议的一部分，知识共享许可协议是网络上数字作品的许可授权机制，2002 年 12 月由知识共享组织发布，目前提供 6 种许可协议：署名—非商业性使用—禁止演绎；署名—非商业性使用—相同方式共享；署名—非商业性使用；署名—禁止演绎；署名—相同方式共享；署名[2]。其中知识共享署名协议限制最小，即任何人只要按照作者或者许可人指定的方式对作品进行署名，无需获得作者或出版者的允许，就可以自由复制、发行、展览、表演、放映、广播或通过信息网络传播本作品，创作演绎作品，对本作品进行商业性使用，这样作者有权使自己的作品能够公开、免费地获得[3]。除此之外，知识共享署名许可协议还意味着任何人可以重复出版和发行你的内容。过去，商业出版公司从重复出版作者的文章中可以获得巨大的利润，而现在，只要编辑证实作者和应用是原创资源，你就可以有自己的选择。

2.2.2 禁止政策

作者在文章出版之前可以自由提交和讨论他们的成果：在医学和科学会议上，在预印服务者那里，在公共数据库和博客、维基百科以及其他的信息交流渠道。然而，PLoS 建议除非你的作品被接受出版并签订了禁止条款，

1. What is the PLoS Hub for Clinical Trials [EB/OL]. [2014-3-3] http://clinicaltrials.ploshubs.org/static/information.action
2. 傅蓉. 开放存取期刊及其影响分析. 图书馆论坛，2007（8）：124
3. Open Access License [EB/OL]. [2014-3-3].http://www. plos. org/ journals/ license. html .

否则作者不要与媒体接洽或者对这些接洽做出回应[1]。

PLoS 对于某些特定领域的即将发表的文章会在文章出版前一周在某些媒体列表中提前发布公告，包括精心挑选的文章的 PDF 的链接。在文章出版前对这些预先公布的信息的传播和使用——包括媒体公布的和研究文章的内容——都适用于 PLoS 的禁止政策，禁止政策可以确保主要的研究文章在综合出版部门报道后可以为所有的读者自由获取。PLoS 相信禁止政策可以更好的为科学家、记者和公众服务，因为它能够确保在研究文章被媒体报道后可以为所有人获得。这个政策也提供了公平和平等的获取我们的内容的机会，确保没有任何一个记者或机构受到优先对待。它确保文章可供公众获取之前不被公开，给媒体研究和正确的报道科学文章的机会，并给予作者在文章出现在媒体之前评论其研究的机会。

其中符合 PLoS 禁止政策的材料包括：PLoS 的记者和自由作家或记者写的那些在 EurekAlert 或 AlphaGalileo 登记了的日志或周报适用于提前接受、禁止条款；在试验期的具有良好声誉的科学博客也适用于 PLoS 的提前接收、禁止条款；那些申请进入 PLoS 出版目录，讨论主要出版内容的博客，在 6 个月之内也需要通过 PLoS 的联系界面（包括 6 个博客栏目）遵循 PLoS 禁止政策。

PLoS 禁止政策的条件包括：研究文章方面的报道在禁止期内不得出版、传播、在网上张贴或者置于其他公共领域。在所有的提前材料（主要是指研究背景材料）中都标示禁止日期。接收材料的人只能跟这个领域的专家来分享材料以获得适当的评论，但是这些材料必须清楚标示为禁止材料，并标明禁止日期。接受者有责任采取必要的方式确保所有的第三方都尊重禁止政策，在禁止期内，公共信息官也不能在公共领域传播禁止材料，但是公共信息官可以在解禁日一个周前向媒体传递禁止材料，但是也必须要清楚标明为禁止材料并标示禁止日期。公共信息官有责任采取一切必要措施确保所有的第三方尊重禁止政策。[2]

2.2.3 PLoS 期刊论文的存档政策

所有在 PLoS 期刊发表的文章，自发表之时起就存储在期刊网站上，

1. [2014-3-3]http://journals.plos.org/plosmedicine/policies.php
2. Media Inquiries.[EB/OL].[2014-3-3]http://www.plos.org/journals/embargopolicy.html

除此之外，其还遵守众多开放存取资助机构，例如美国国家健康研究院，英国的维康信托基金会（the Wellcome Trust）和英国研究委员会（the Research Councils）以及德国的德意志研究协会（the Deutsche Forschungs emeinschaft, German Research Foundation, DFG）的政策（他们要求他们资助的研究文章存储在可以自由获取的公共数据库中），每篇文章的全部内容都会立即存入美国医学图书馆（NLM, National Library of Medicine）的公共网络仓储——公共医学中心（PubMed Central, 简称为PMC）[1]。文章的图表与全文可以通过关键词、作者、主题、卷期数等多种标准搜索查询。PLoS也将致力于同其他机构合作在世界各地建立类似的文档库存储论文。此外，PLoS还允许任何第三方如图书馆、机构或个人等建立PLoS期刊文章的档案库，只要根据开放存取的原则使文章可免费获取即可[2]。

2.3 PLoS 期刊的出版方式

2.3.1 PLoS 期刊间的关系

PLoS期刊系列之间既相互独立，又相互联系。PLoS出版的所有期刊都是自治的出版物，它们分别独立拥有自己的编辑团队和管理团队。其中PLoS Biology 和 PLoS Medicine 都有一个专业编辑团队和学术编辑团队来评估出版的每一篇文章，如果收到的稿件是介于基础和临床研究之间。为了确保这种文章可以受到尽可能公正的待遇，这两种期刊的专业编辑可以对相关的手稿进行咨询。另外，PLoS学术团体的期刊：PLoS Computational Biology、PLoS Genetics、PLoS Pathogens 和 PLoS Neglected Tropical Diseases 由它们各自独立的主编和编委会运作。PLoS ONE 同样也由一个独立的编委会运作。PLoS ONE 出版所有科学领域的基础、主要研究，并通过开拓交互式的网络使得每篇文章的效用最大化。作者可能会要求或者编辑可能会建议被PLoS某种期刊拒绝的文章或预先提交的材料（相关的评论）被转寄到PLoS的另一种期刊。PLoS的编辑将会帮助促成这一转交，但是绝

---

1. PLoS Medicine Editorial and Publishing Policies[2014-3-3]http://journals.plos.org/plosmedicine/policies.php
2. 王应宽. 开放存取期刊出版：PLoS 案例研究［J］. 出版发行研究，2006（5）：64

对不会在不经过作者许可的情况下进行这种转移。

2.3.2 PLoS 期刊传统而新颖的同行评审

PLoS 旗下的所有期刊均实行严格的同行评审。PLoS 的每一种期刊都有一支优秀的在某些特定领域内杰出的专业的国际化编辑团队。所有提交的论文首先要经过专业编辑和学术编辑的初审，通过初审的论文将进行同行评审，专业编辑和学术编辑在同行评审意见的基础上决定是否录用发表。此外，为了保证评审过程的客观性和公正性，PLoS 期刊还实行评审专家和编辑排除制度，即在作者提交论文之后，作者可以要求排除任何学术编辑或同行评审专家去审理他们的稿件。只要这些要求补影响对文章的客观而全面的审查，编委会将会尊重这些要求。

如果说 PLoS Biology、PLoS Medicine、PLoS Computational Biology、PLoS Genetics、PLoS Pathogens、PLoS Neglected Tropical Diseases 这六种期刊遵循的同行评审过程只是在速度上比传统期刊的同行评审过程略有改进（这六种期刊的出版周期不超过 6 周，而传统期刊的出版周期多在 3 个月以上），实质上并没有太大改进的话，那么 PLoS ONE 的出现则可以说是对传统同行评审产生了颠覆性的效果。和一般期刊不同，首先，PLoS ONE 的同行评审过程主要集中于技术而不是主观关系，即 PLoS One 发表任何方法上可行的论文，审稿人只核查论文中的实验方法和分析是否有明显、严重的错误，而不在乎研究结果的重要性；其次，PLoS 其它杂志最多是将研究性文章公布后，再刊登另一篇与先前文章有关的文章来强化研究成果的影响力。但是在 PLoS ONE，几乎在文章发表的同时，就开始接受全球同行的评审：作者和读者可以立即就文章展开讨论，讨论的话题可能是文章中描述的一种方法，可能是与另一项有意义的工作或者资源的关系，也可能是一些实验现象的其它解释，也就是说同行评审过程不仅存在于文章发表前，而且在文章发表后也要进行同行评审，这就使得读者和作者都能从中受益。

3.PLoS 的商业模式

我们知道，出版一份科学期刊都是要花钱的——同行评审越严格，编辑过程效率越高，越专业，生产标准越高，出版者的成本就越高。大部分期刊依赖于订阅费和网络许可费形成其主要收益，但是这些使用费都不能与开放存取并行。因此，目前 PLoS 的经费来源包括作者付费、按需印刷、融资和会员费。

3.1 作者付费模式

3.1.1 付费标准

为了弥补实行开放存取的费用，包括同行评审、期刊生产、网络应用和存储的费用，PLoS 采取这样一种商业模式——向每一篇发表文章的作者或研究赞助者收取一定的出版费用。PLoS 的收费标准一直在保持稳定的基础上以上升的趋势发生变化，如表 1 所示各种期刊发表一篇文章的费用从 2008 年到 2014 年，分别上涨了 50 美元，基本保持着稳定。

表 1：PLoS 各种期刊的出版费用

期刊	2008 年出版费用	2014 年出版费用
PLoS Biology	2850 美元	2900 美元
PLoS Medicine	2200 美元	2900 美元
PLoS Computational Biology	2200 美元	2250 美元
PLoS Genetics	2200 美元	2250 美元
PLoS Pathogens	2200 美元	2250 美元
PLoS Neglected Tropical Diseases	1300 美元	2250 美元
PLoS ONE	2850 美元	1350 美元

在这 7 种学术期刊中，PLoS Biology 和 PLoS Medicine 的出版费用最高，2014 年每发表一篇文章的费用达到 2900 美元；4 种学术团体期刊的费用一致，均为 2250 美元；PLoS ONE 的出版费用最低，不到 PLoS Biology 和 PLoS Medicine 的一半。之所以费用差距这么大，也是与各种期刊的生产成本不同而形成的。PLoS Biology 和 PLoS Medicine 是 PLoS 系列期刊中影响力最高的两种期刊。这两种期刊追求高质量，其分别有一支在学术期刊 Nature、Lancet、the British Medical Journal、the Journal of

CLINICAL Investigation 等国际著名学术期刊工作过的经验丰富的专业编辑队伍，而且实行严格的同行评审制度，退稿率近90%，因此需要较高的出版费用来弥补成本。4种学术团体期刊因为一方面得到学术团体的资助，另一方面，其评审费用也低于前面两种期刊，因此费用较前者略低；而PLoS ONE 因为其同行评审过程只审查技术，不审查结果，所以其评审过程大大简化，评审费用也得以降低。另一方面，因为其每年发表文章数量较多，因此，其出版费用也相对较低。

3.1.2 费用免除和折扣

PLoS 发表文章的费用较高，因此，对于那些确实没有经费缴纳出版费用的作者，PLoS 会部分或完全免除出版费用。另外，那些附属于其组织成员的作者也可以按规定在这个费用的基础上给予一定的折扣。同时，开放社会研究所（Open Society Institute，OSI）将会提供经费，支持50个发展中国家和处于转型期国家机构成为 PLoS 的机构会员，享受一定的出版折扣。另外，需要指出的是 PLoS 期刊的编辑和同行评审专家是在完全不了解付费信息的过程中审稿的，因此，是否付费并不影响他们的出版决策。

3.2 按需印刷

PLoS 还开办了个性化印刷服务。PLoS 期刊系列中，只有 PLoS Biology和 PLoS Medicine 有印刷版，其他五种期刊均只有网络版。因此，为了给那些习惯于阅读传统出版物或需要印刷品的读者提供方便，PLoS 与奥德赛出版社（Odyssey Press）——一个国际知名的科学和医学出版物提供者合作，开展按需印刷服务。

PLoS 按需印刷服务提供以下三种购买选择：

（1）为个人和机构提供文章再版服务。在这种购买选择下，PLoS 根据页面范围、是否需要彩色期刊封面、副本数量、不同国家、选择彩印或黑白印刷，分别给予不同的价格选择。总的来说，PLoS 针对个人和机构按需印刷服务的费用较高。以最便宜的选择标准为例，美国或加拿大地区的读者不要彩色封面，仅仅印刷32页，1000份副本，选择黑白印刷方式，其费用是5855.47美元，即平均印刷一张纸的价格是0.2美元。如果是一个中国地区的读者想要仅仅印刷一页，50 份副本，费用是 122.78 美元，这样印刷一张纸的平均费用就是 2.6 美元；如果加上彩色封面就更贵，一共 260.91 美元，这还不是最贵的。其他某些地区的印刷费用更在中国之上。因此，我们可以看到，PLoS 按需印刷的利润是相当高的。[1]

（2）为商业机构提供文章再版服务。针对商业机构的文章再版服务，PLoS 目前提供了 6 种可供选择的期刊：PLoS Biology、PLoS Medicine、PLoS Computational Biology、PLoS Genetics、PLoS Pathogens 和 PLoS ONE。例如，笔者选择了 PLoS Biology 上 Kristi L. Montooth 和 David M. Rand 写的一篇文章《The Spectrum of Mitochondrial Mutation Differs across Species》，其首先要求笔者填写了一系列的个人信息，包括地址、邮箱、单位，并在收到请求后很快（5 个小时之后）做出了回复，其印刷费用是 25.48 美元。[2]

（3）全年订阅服务或单本复制品订阅服务。因为 PLoS 系列期刊中，只有 PLoS Biology 和 PLoS Medicine 有印刷版，因此，PLoS 也只提供这两种期刊的相关订阅服务。两种期刊的订阅价格相同，其中北美和加拿大地区的读者订阅 PLoS Medicine 和 PLoS Biology 一年的费用为 365 美元，其他国家和地区的是 415 美元，订阅一本期刊的费用都一样，为 45 美元。[3]

3.3 赞助

PLoS 鼓励企业和其他机构通过成为 PLoS 的赞助人直接支持开放存取运动。PLoS 将其赞助人列在赞助人主页上，并提供对这些机构的链接。赞助人在帮助 PLoS 开展新的出版计划时提供经费支持，数额不限。这些经费将投入到新技术开发中，推动开放存取的发展。[4]

PLoS 最初在 2002 年 12 月从戈登和贝蒂·摩尔基金会（Gordon and Betty Moore Foundation）获得 900 万美元为期 5 年的赞助，之后陆续获

---

1. [2008-8-15]https://www.odysseypress.com/plosinprint/reprint_order.php?type=A&page=0
2. [2008-8-15]https://www.odysseypress.com/plosinprint/reprint_order.php?type=C&page=0
3. [2008-8-15]https://www.odysseypress.com/plosmedicine/plos_medicine_subscription.html
4. Become a PLoS Sponsor[EB/OL].[2008-08-8]http://www.plos.org/support/sponsorship.html

得桑德勒家族支援基金会（Sandler Family Supporting Foundation）、开放社会协会（the Open Society Institute，OSI）、爱尔文·汉森慈善基金会（the Irving A Hansen Memorial Foundation）、多利斯·达克慈善基金会（the Doris Duke Charitable Foundation）、艾莉森医学基金会（the Ellison Medical Foundation）、布拉夫斯·威尔康姆基金（the Burroughs Wellcome Fund）以及很多其他基金会、大学、机构和个人的支持和赞助。[1]

为了确保编辑独立性，PLoS 要求其赞助人签署以下赞助声明：

我们赞助 PLoS 的目的只是因为我们认可它的使命和核心原则：开放存取、精品、科学公正、博大、协作、财政公平、团体参与、国际化以及将科学视为公共资源。因为我们认识到向出版科学、医学作品的任何机构提供财政支持的内在利益与真实、公正的出版原则间的潜在冲突，因此，我们声明我们不会期望而且不会试图对 PLoS 期刊的编辑决策施加压力。[2]

3.4 收取会员费

PLoS 的会员分为两种：个人会员和机构会员。PLoS 针对这两种会员分别制定了不同的政策。

3.4.1 个人会员

PLoS 根据缴纳的会员费，将其个人会员分为 6 个等级，PLoS 为各个不同等级的会员分别提供不同的服务。具体情况见表 2。[3]

---

1. About PLoS. [EB/OL] [2008-8-3] http://www.plos.org/about/index.html
2. Become a PLoS Sponsor [EB/OL]. [2008-08-8] http://www.plos.org/support/sponsorship.html
3. JoinPLoS and Show Your Support of the Open Access Movement[EB/OL].[2008-08-8] http://www.plos.org/support/donate.php

表 2

会员级别	年度会费（美元）	享有的服务
学生 (Student)	25	列入 PLoS 会员页面；通过电子邮件接收新的期刊内容；赠送 PLoS 开放存取标签和 PLoS T－Shirt
朋友 (Friend)	50	列入 PLoS 会员页面；通过电子邮件接收新的期刊内容；赠送 PLoS 开放存取标签、PLoS T－Shirt
支持者 (Supporter)	100	列入 PLoS 会员页面；通过电子邮件接收新的期刊内容；赠送 PLoS 开放存取标签和 PLoS 旅行杯
理想主义者 (Idealist)	250	列入 PLoS 会员页面；通过电子邮件接收新的期刊内容；赠送 PLoS 开放存取标签、PLoS T－Shirt 和旅行杯
提倡者 (Advocate)	500	列入 PLoS 会员页面；通过电子邮件接收新的期刊内容；PLoS 开放存取标签、PLoS 专有会员包
革新者（Innovator）	1000 及以上	列入 PLoS 会员页面；通过电子邮件接收新的期刊内容；PLoS 专有会员包、T－Shirt、旅行杯和标签

粗略统计了一下，除了一些匿名的个人会员之外，PLoS 共有 505 名个人会员[1]。这些会员来自世界各地，其中美国的最多。会员缴纳的会员费在一定程度上弥补了 PLoS 的办刊成本。但是，会员提交的文章在同行评审过程种并不会格外有待，其文章的出版费用也没有任何折扣，会员对 PLoS 的赞助并不会对 PLoS 的编辑过程产生任何影响。

3.4.2 机构会员

PLoS 从 2004 年 1 月开办 PLoS 机构会员项目以来，获得了巨大成功，在刚开始的 6 个月，就有 100 多个学院和大学加入，包括美国的哈佛大学和耶鲁大学以及荷兰的阿姆斯特丹大学等，2008 年，其机构会员数量进一步增加，达到 170 个，其中亚洲：2 个；澳大利亚：1 个；欧洲：12 个；北美：154 个，其中加拿大 5 个，美国 149 个。这些机构会员主要由大学、学会和图书馆构成，同时，应很多研究基金的要求，PLoS 已经开始接受代表它们资助的调研人利益的基金会加入到 PLoS 的机构会员队伍里面。

---

1. [2008-8-10]http://www.plos.org/support/members.shtml

PLoS 的机构会员为以下两个目标工作：大学、研究基金以及其他机构通过支持 PLoS 的工作使得世界上的科学和医学文献成为可以自由获取的公共资源的重要渠道；他们通过为他们的研究者在 PLoS 开放存取期刊上发表文章提供切实的激励性的折扣而成为 PLoS 开放存取运动的重要因素。

不过需要指出的是，PLoS 机构会员与传统非开放存取的订阅期刊的机构会员有本质性的区别，其区别表现在首先，PLoS 出版的所有作品，每个人都可以通过网络自由获取，PLoS 的会员和非会员是一样的，PLoS 机构会员所享受的产品和服务全世界的任何一个其他组织都可以享有；其次在网络投稿形式下，任何无法承担出版费用的作者，PLoS 都会取消或者降低其出版费用，对任何人都一样，包括隶属于组织会员的作者和非隶属于组织会员的作者；PLoS 机构会员是一种为改变社会而进行的志愿性的投资，PLoS 不会强制它们缴纳多少会费，它们也不能对出版决策产生任何影响，他们除了在出版费用方面按规定享受一定的折扣外，与非机构会员相比没有任何优待。因此，大学、图书馆，其他部门机构和其他类似组织选择成为 PLoS 机构会员只是因为它们支持使得科学和医学公共信息可以自由在网上获得的目标。

4.PLoS 的社会影响

尽管早期曾经遭遇挫折，但是经过几年的发展，PLoS 已经成为全球最著名的科技论文网络发表平台之一，其主办的期刊也是目前具有代表性的公众可以免费获取全文的科技期刊，在科学和医学领域内具有较高的社会影响力。这主要可以通过以下几个方面反映出来。

4.1 PLoS 期刊被《期刊引证报告》(Journal Citation Reports，简称为 JCR) 收录的情况及其影响因子

《期刊引证报告》是美国科学信息研究所（Thomson ISI）建立在《科学引文索引》（Science Citation Index，SCI）期刊引证数据的基础上，利

用计算机对期刊文献引用与被引用情况进行系统地归类、整理、分析得出的结果，是一种用于期刊引用分析的重要工具[1]。JCR 分为自然科学和社会科学两个版本，2007 年共收录了 6418 种期刊，包括自然科学和社会科学。目前对科技期刊国际竞争力的评价，国内外的学者多是用文献计量学指标来实现的，如科技期刊进入国际著名检索系统的数量、被引频次、影响因子、即年指标等。因此，JCR 被认为是目前国际上一种权威的用于期刊国际竞争力评价的工具。[2]

尽管 PLoS 目前只出版了 7 种期刊，但是在发布的 2012 年的《期刊引证报告》对其期刊的收录情况看，PLoS 期刊已经在各自领域内具有较高的影响力。其 7 种期刊均被 JCR 收录，且其影响因子较高，具体情况见表 3。

表 3：PLoS 期刊被 JCR 收录的情况及其影响因子

期刊名	2006	2007	2012	2008-2012 年平均影响因子
PLoS Biology	14.1	13.501	12.690	13.447
PLoS Medicine	13.8	12.601	15.253	16.426
PLoS Pathogens	6.0	9.336	8.136	8.917
PLoS Genetics	7.7	8.721	8.517	9.440
PLoS Computational Biology	4.9	6.236	4.867	5.939
PLoS Clinical Trials		4.774		
PLoS Neglected Tropical Diseases			4.569	4.963
PloS One			3.730	4.244

根据表 3 我们可以看出，总的来说，包括 2007 年 8 月份停刊的 PLoS Clinical Trials 在内，PLOS 先后创办的 8 种期刊均被 JCR 收录。尽管 PLOS 的 7 种期刊 2012 年的影响因子略有下降，但在其所属的领域内，仍然属于高影响因子的期刊。作为开办时间如此短的期刊，能够这么快被 JCR 收录，并获得这么高的影响力，一方面，离不开 PLOS 严格的质量控制；另一方面，也显示出了开放存取这种科技交流模式强大的优越性：好的论文会更快被发现，更多被引用。

1. 何素清，刘数春．SCI-E 收录的中国生物医学期刊文献计量学指标的分析 [J]．中国科技期刊研究，2005（16）：6
2. 方卿，赵蓉英．科技出版国际竞争力研究 [M]．武汉：武汉大学出版社，2008：329

4.2 PLoS 期刊被其他索引数据库收录的情况

尽管汤姆森公司没有将 PLoS 的两种新期刊：PLoS ONE 和 PLoS Neglected Tropical Diseases 编入索引中,但是其他索引数据库已经将它们列入进去了。例如爱思维尔（Elsevier）的 Scopus Citation Index 已经将 PLoS ONE 列入其中（尽管到目前为止,只能回溯检索到 2007 年 6 月）。另外,通过 Google Scholar 也可以发现 PLoS 较高的社会影响。例如,使用 Google Scholar 可以发现 PLoS ONE 中引用率最高的一篇文章的引用次数已经达到 42 次——这就极大的证明了只要是好的有价值的研究,即使是在一种新刊物中出版,当他可以为所有人自由获取的时候,其就可以迅速的在科学的世界中找到自己的位置,产生巨大的社会影响[1]。

4.3 媒体覆盖面

另一个衡量期刊影响力的标准是媒体覆盖面,PLoS 所有的期刊一般都能吸引到媒体高度关注。例如 PLoS Biology 获得了电子科学内容的世界顶级奖项,PLoS 的两种新期刊,PLoS ONE 和 PLoS Neglected Tropical Diseases 对于全球媒体而言也并不陌生。PLoS 期刊上发表的文章频繁的被国际媒体转载、报道,从纽约时报到 Le Monde,再到 BBC；而且很多享有国际知名声誉的作者也在 PLoS 上发表文章。例如 PLoS ONE 上发表的关于翼龙的那篇文章的覆盖面相当广,被大量的刊物,以及很多国家和国际的报纸提及。PLoS 经常会通过 P 博客的 "In the news' channel" 提供几种期刊在传统媒体和博客上媒体覆盖情况的摘要。

5.PLoS 的成功运营及其对我国科技期刊网络发表平台建设的启示

从创办之初遭遇的尴尬处境到现在高度的社会影响力,PLoS 的成功离

1. ISI Web of Knowledge. Journal Citation Reports(2006-2012)[R/OL].[2014-5-27] http://admin-apps.webofknowledge.com/JCR/JCR?RQ=SELECT_ALL&cursor=7061

不开它先进的办刊理念和日渐成熟的运作模式，这些也都值得我国科技期刊网络发表平台学习和借鉴。

5.1 加强质量控制

学术期刊出版很重要的一个方面便是质量控制，开放存取学术期刊出版如果要得到可持续发展，进行质量控制，得到学术界的认可是非常重要的。从 PLoS 的成功经验，我们也可以看到，开放存取学术期刊出版模式的成功关键在于期刊的质量。PLoS 主要通过以下方式加强期刊的质量控制。

首先，实行严格的同行评审。传统学术期刊在长期的发展过程中形成了一系列的评价指标和质量控制机制，如专家评审和同行评审制度。开放存取学术期刊为了确保期刊论文的质量，也主要是沿用传统的学术期刊同行评审制度，而且在网络环境下，同行评审制度更方便、更有效[1]。从最开始创办的 PLoS Biology 到后来陆续创办的 PLoS Medicine、PLoS Computational Biology、PLoS Genetics、PLoS Pathogens、PLoS Neglected Tropical Diseases，以及已经停刊的 PLoS Clinical Trials 均实行严格的同行评审，由学术编辑和资深的专业编辑用最高标准来共同进行评议，保证期刊的高质量。

其次，保证编辑决策的独立性。PLoS 期刊的发表费用较高，但是 PLoS 规定其是否发表的唯一标准是论文的科学质量和重要性，是否支付发表费不会影响稿件的录用决定。另外，对那些缴纳了会费的个人会员和机构会员，PLoS 也要求她们签署协议，确保其捐赠不会对编辑决策过程产生任何影响。

5.2 重视编辑人才队伍建设

任何一项事业要想取得成功，都离不开杰出的人才。对于一份科学期刊而言，杰出的编辑队伍是其成功的基础，PLoS 在发展的过程中就非常重视编辑人才队伍建设。PLoS 旗下各种期刊的专业编辑、学术编辑和评审专家都经过精心挑选，分别具有专业的编辑知识和优秀的学术水平，很多还具有在国际知名学术期刊的工作经验，例如 PLoS Biology 的主编 Jonathan A.

---

1. 易治宏．基于 OA 的学术期刊出版模式研究［J］．情报科学，2006（7）：1032

Eisen 是加利福尼亚大学教授，医学微生物学和免疫学领域的专家，2006年获得哈佛大学生物学博士学位，而且曾经担任过 Genome Research, the Journal of Molecular Evolution, Molecular Biology and Evolution, Microbiology, Biology Direc 等杂志的编辑。而 PLoS Medicine 的编委会由将近100个来自全球的杰出的内科医生和研究者专业编辑组成，包括很多来自于国际著名医学期刊《柳叶刀》（Lancet）、《临床调查杂志》（The Journal of Clinical Investigation）、和《英国医学期刊》（British Medical Journal）等国际知名医学期刊的编辑。良好的编辑团队是 PLoS 期刊能够迅速成长为各自领域内的一流期刊的重要保证。

5.3 注重加强管理

PLoS 还非常注意加强管理。这表现在以下几个方面：

首先，PLoS 设立了一个卓越的董事会，优化了 PLoS 治理结构，并从战略的角度确保有效决策的信息和数据。PLoS 董事会的14名成员中，有7名分别是全球知名的医学和生物学专家；有3名是具有丰富投资经验和管理经验的卓越的管理专家；有1名技术专家；1名具有丰富出版经验的出版商；还有1名法律专家。其董事会成员的知识结构决定了他们可以对 PLoS 业务的整个环节提供必要的战略指导，可以同时扮演 PLoS 咨询专家、战略顾问、长期规划者、投资者关系协调者及法律顾问的角色。

其次，PLoS 有一个优秀的管理团队。其管理层分工明确，分为财务／管理团队，专门负责 PLoS 的日常财务工作和管理工作，包括管理各项捐款和投资、财务统计和审核、日常管理工作以及开辟新的出版计划；战略联盟，主要负责对外的联系，包括从一些基金和研究机构募集资金，与其建立战略合作关系等；网络团队，主要负责 PLoS 的网络技术设计和维护工作；出版团队，主要负责期刊的出版工作，各个部门职责明确，这也便于 PLoS 加强管理。另外，每一种期刊还都配备有专门的出版管理部门，分别负责各种期刊的管理工作，例如2008年 PLoS ONE 还专门引进具有丰富学术期刊管理经验的 Pete Binfield 作为其管理编辑。

5.4 不断提高网络技术

从开放存取的概念中，我们可以看到，实现开放存取有一个必要的环境——网络环境。只有在网络环境下，才可能实现开放存取。因此，PLoS非常注重其网络技术的建设，不断引进新的能够进一步促进开放存取的技术。这主要表现在以下几个方面：

首先，重视技术人才队伍的建设。如前所述，在PLoS的14名董事会成员中，有两名都是技术人才，另外PLoS设立了一个专门的网络团队来引进新的网络技术，维护PLoS网络平台。而PLoS的首席执行官：皮特·杰拉姆（Peter Jerram），从上个世纪90年代开始就在从事网络和出版工作，其曾经在硅谷的著名计算机公司，例如微软和苹果公司工作过，也是以技术见长。

其次，PLoS不断引进新的使开放存取能够更加便利的技术。例如2007年，PLoS引进SciVee，这是一项网络技术，在这种技术下，科学家可以上传对PLoS期刊上发表的文章的声频和视频演讲和评论[1]。2008年初，PLoS又引进了Zetero Translator，这项技术可以帮助使用者获取PDF格式的PLoS文章的全文，而且在PLoS ONE和PLoS Neglected Tropical Diseases上使用这项技术还可以自动获取元数据信息。为了提高网站运行速度，2008年7月16日太平洋标准时间晚上7点，PLoS将生产服务系统的Russ将升级到Topaz 0.9(rc1)，极大的提高了期刊网站的运行速度[2]。

5.5 日益成熟的商业模式

PLoS从一开始遭受挫折到现在已经成为开放存取运动的典范，离不开其日益成熟的商业模式。

和大多数科技论文网络发表平台一样，PLoS在刚开始启动的时候，主要依赖于慈善基金的支持，并借助于这种支持于2003年创办了PLoS Biology，并试图通过向作者收费的商业模式弥补其财务支出。之后PLoS又陆续创办了PLoS Medicine、PLoS Computational Biology、PLoS Genetics、PLoS Pathogens等高质量期刊，并采取向作者收费和向会员收

1. [2008-8-2]http://mailings.plos.org/strat/html/strat_20070930.html
2. [2008-8-2]http://mailings.plos.org/html/enewsletter_jan_08.html

费的方式弥补其办刊成本。但是尽管这几种期刊，尤其是 PLoS Biology 和 PLoS Medicine 这两种 PLoS 旗舰期刊以高质量吸引了大量投稿，为 PLoS 创造了巨大的社会影响，但是，高质量学术期刊通常也意味着较高的同行评审成本，而且为了保证高质量，其退稿率相当高，发表的文章并不多，所以尽管 PLoS 不断提高这几种期刊的出版费用，仍然未能实现其通过向作者收取费用的商业模式实现收支平衡的目标。根据《Nature》对 PLoS 期刊经营状况的分析表明，在 2007 年的这个财政年度中（2007 年 9 月 30 日结束），PLoS 期刊 668 万美元的开支超出了它 286 万美元的收入。因此，面对这种形势，2006 年 12 月，PLoS 发行了发表前同行评审较为宽松的 PLoS ONE。虽然其发表费用比其他 PLoS 期刊要低得多，但是因为其同行评审成本较低，而且发表的文章较多，所以在 2007 年第一个全年运作中，PLoS ONE 共发表了 1230 篇文章，其收入是 PLoS Biology 的两倍多 [1]。

因此，PLoS 目前采取的是更为成熟的依靠低质量、廉价出版来资助少数的高质量旗舰期刊的商业模式，这种模式将会使得 PLoS 未来的财政情况更加乐观。

参考文献

[1] About PLoS.[EB/OL][2014-3-3]http://www.plos.org/about/index.html

[2] PLoS Core Principles [EB/OL].[2014-3-3]. http://www.plos.org/about/principles.html

[3] About PLoS Biology[EB/OL].[2014-3-3].
http://journals.plos.org/plosbiology/information.php

[4] About PLoS Medicine[EB/OL]. [2014-3-3].
http://journals.plos.org/plosmedicine/information.php

[5] Become a PLoS Sponsor [EB/OL] .[2008- 08 –8]
http://www.plos.org/support/sponsorship.html

[6] About PLoS.[EB/OL][2008-8-3]http://www.plos.org/about/index.html

---

1. 科学网.《自然》剖析 PLoS 期刊经营之道 [EB/OL]. [2008-8-20]http://forum.physi.cn/viewthread.php?tid=3259

[7] Become a PLoS Sponsor [EB/OL].

[2008-08-8]http://www.plos.org/support/sponsorship.html

[8] JoinPLoS and Show Your Support of the Open Access Movement[EB/OL].[2008-08-8]

http://www.plos.org/support/donate.php

[9] ISI Web of Knowledge. Journal Citation Reports(2006-2012)[R/OL].[2014-5-27]

http://admin-apps.webofknowledge.com/JCR/JCR?RQ=SELECT_ALL&cursor=7061

[10] 方卿，赵蓉英．科技出版国际竞争力研究 [M]．武汉：武汉大学出版社，2008：329

[11] 王应宽．开放存取期刊出版：PLoS 案例研究 [J]．出版发行研究，2006（5）：59

[12] 何素清，刘数春．SCI-E 收录的中国生物医学期刊文献计量学指标的分析 [J]．中国科技期刊研究，2005（16）：6

[13] 易治宏．基于 OA 的学术期刊出版模式研究 [J]．情报科学，2006（7）：1032

[14] 林成林．STM 出版遭遇 OA 挑战 [N]．中国图书商报，2005-1-7（76）

[15] 科学网．《自然》剖析 PLoS 期刊经营之道 [EB/OL]．[2008-8-20]

http://forum.physi.cn/viewthread.php?tid=3259

国外科技论文网络发表平台
arXiv 电子印本文库个案研究 [1]

1.arXiv 基本情况介绍

　　1991 年 8 月，物理学家保罗·金斯帕（Paul Ginsparg）在美国洛斯阿拉莫斯（Los Alamos）国家实验室建立了互联网上第一个开放存取知识库——arXiv 电子印本文库（arXiv e-print archive），用来收录作者自由提交的未经审查的物理学论文，当时还没有物理学期刊上网，其最初的目标并不是要取代期刊，而是为全球预印本（preprints，即正式出版前的文章，archive 最初提交的文章仅仅能保留 3 个月）提供一个公平而统一的全球存取路径。[2]arXiv 运行了几年之后，虽然很多物理学、数学类期刊大举上网，但是 arXiv 的用户和提交仍然急剧增长，而且其提交不仅包括很多预印本，还包括很多印后本（postprints，即已经发表的文章），这使得 arXiv 开始扮演着越来越重要的角色，成为物理学、数学领域的专家、学者和学生开展学习和研究必不可少的信息发布平台和交流平台。

　　arXiv 已经建立了非常明确的目标和政策。arXiv 成立的目的在于促进科研成果的交流与共享，帮助科研人员追踪本学科最新研究进展，避免重复研究。其主要政策包括：arXiv 是一个某些特定科学领域学术文章的开放

1.　本文由发表于《出版科学》2009 年第 5 期的文章"电子印本仓储——Arxive 运营情况研究"修改更新材料而成。

2. Paul Ginsparg.Winners and losers in the global research village[EB/OL].

存取的知识库，希望提交到 arXiv 的文章对于那些学科而言是重要的，相关的和有价值的，arXiv 保留对所有提交材料的拒绝或重新分类的权利，提交到 arXiv 的论文将会受到专家调解人（expert moderators）的审阅，以证实这些论文是热门的而且经过审查的科学投稿，遵守一般公认的学术交流标准；作为一种电子文库，arXiv 做出承诺：对所有公开提交的文章提供持续的免费的存取；arXiv 通过提供学术文章（这些文章通常稍后会出现在传统期刊上）的迅速传播和开放存取而增加了传统出版系统，然而，必须注意的是，arXiv 既不是一个专门收藏不能出版的材料的知识库，也不是一个经过评审的出版场地（refereed publication venue），它的自我控制（moderation）对于确保 arXiv 整体投稿而言是有价值的必要的流程，但是，这些咨询委员和调解者对这些投稿做出反馈的能力是有限的[1]。

2.arXiv 业务情况分析

arXiv.org 从 1991 年 8 月建立到今天已经有 20 多年的历史。在这 20 多年的发展过程中，arXiv.org 的业务范围不断扩大，提交数量也由最初的几百份发展到今天的 941724 份[2]，并通过逐步引进的高效的稿件质量控制方式和版权政策，为全球的物理学家和数学家提供了重要的研究信息平台。

2.1 arXiv 的业务范围

arXiv 的第一个数据库是 hep-th（高能理论物理），在 1991 年 8 月开始运行，当时只是为了供不到 200 名物理学家的一个小团体使用，之后以所谓的"矩阵模型"（metrix model）方式学习字符串理论和空间重力。在几个月内，最初的高能理论物理库迅速突破了 1000 个用户，而且在几年之后，就迅速超过了 3800 个用户，之后，arXiv 覆盖的领域也从单一的高能理论物理到现在已经成为涵盖物理学、数学、计算机科学、非线性科学、定量生物学和统计学的重要的开放存取学科知识库（disciplinary

1. Goals and Mission[EB/OL].[2014-2-22]http://arxiv.org/help/primer
2. About arXiv[EB/OL].[2014-5-27] http://arxiv.org/

repositories）[1]。arXiv 采用三级类目形式，文库首先分为物理学、数学、非线性科学、计算机科学、定量生物学和统计学 6 个文库，其中物理学进一步细分为 12 个子库，包括航空物理学、凝聚态物理学、一般相对论和量子宇宙学、高能实验物理、高能框架物理学、高能现象物理学、高能理论物理学、数学物理学、核试验、核理论、物理学（其他）、量子物理学；数学文库分为 32 个学科类别（非子文库）；非线性科学分为 5 个学科类别；计算研究文库分为 36 个学科类别；定量物理学分为 10 个学科类别；统计学分为 6 个学科类别[2]。

　　arXiv 收录的论文除作者提交的外，还有一些物理学和数学的电子期刊全文，包括：美国物理协会（American Physical Society，APS）的期刊，从 1996 年 11 月开始，其电子版直接提交到 arXiv；英国物理学会（Institute of Physics(UK)）的电子期刊，从 2001 年 3 月开始，其电子版直接提交给 arXiv；爱思维尔（Elsevier）的核物理电子（Nuclear Physics Electronic）；EIPL 的粒子物理（Particle Physics）；JHEP 的高能物理杂志（Journal of High Energy Physics）从 1997 年 12 月开始允许其电子版直接提交给 arXiv；理论和数学物理进展（Advances in Theoretical and Mathematical Physics，ATMP）；The Electronic ApJ；数学物理（Mathematical Physics）电子期刊；美国物理学会的（American Institute of Physics）出版服务网上期刊；相对论评论（Living Reviews in Relativity）[3]；几何学和拓扑学（Geometry and Topology）；欧几里得方案（Project Euclid）[4]等等。

2.2 arXiv 的投稿情况

　　截至 2014 年 5 月底，arXiv 共收到近百万份提交的稿件[5]。根据 2013

1. Paul Ginsparg.Winners and losers in the global research village[EB/OL]. [2008-8-25]http://arXiv.org/blurb/pg96unesco.html
2. http://arxiv.org/[2008-8-19]
3. Some electronic physics journals[EB/OL].[2008-8-22]http://arxiv.org/servers.html
4. Some electronic mathematics journals[EB/OL].[2008-8-22]http://arxiv.org/servers.html
5. arXiv monthly submission rate statistics[EB/OL].[2014-5-27]http://arxiv.org/show_monthly_submissions

年 12 月 31 日的统计数据显示，四个最大的文库分别是高能物理库（包括高能实验物理、高能框架物理学、高能现象物理学、高能理论物理学）、凝聚态物理库、航空物理库和数学库（＋数学物理）。其中各个文库稿件所占的比例如表 1 所示。

表 1：arXiv 总体提交和 2013 年提交各个文库投稿所占比例[1]

文库	各个文库在总体投稿中所占比例	各个文库在 2013 年投稿中所占比例
高能物理	25.9%	16.0%
航空物理	18.4%	182%
数学（数学＋数学物理）	14.9%	22.6%
凝聚态物理	9.0%	17.0%
量子物理学	5.1%	5.5%
物理学（其他）	4.2%	6.6%
相对论和量子宇宙学	4.0%	3.5%
核试验	3.6%	3.0%
计算机科学	2.2%	4.6%
非线性科学	2.1%	1.3%
定量生物学	0.6%	1.3%
统计学	0.1%	1.0%

通过以上数据我们可以看出，高能物理库的增长有下降趋势。2013 年数学（数学＋数学物理）库和凝聚态物理投稿所占的比例显著高于其在总体投稿中所占比例，说明 2013 年数学（数学＋数学物理）库和凝聚态物理的投稿有较大增长。其中新增的四个一级文库中，除了 2013 年所占比例比总体所占比例有所下降外，其他的三个文库都有巨大的增长，尤其是新开设的统计学文库，其在 2013 年投稿中所占比例是在总体中所占比例的 10 倍，因此我们可以看到，虽然其在总体投稿中所占的比例非常的小，但是未来仍然有着较大的发展潜力。不过总的来说，表 1 的数据表明，arXiv 的优势仍然集中在物理学和数学领域，新增加的非线性科学、计算机科学、定量生物学和统计学四个一级文库的影响还是很有限。

---

1. arXiv monthly submission rate statistics,31 Dec '13[EB/OL].[2014-5-27] http://arxiv.org/Stats/hcamonthly.html

2.3 arXiv.org 稿件质量控制方式

arXiv 是科学研究文章的自动传播系统，没有与同行评审相联系的编辑工作。在 arXiv 诞生之初，因为其管理者和用户都是一流的高能物理学家，所以质量控制并不是问题，稿件的上传、批准等都是自动完成的。而随着 arXiv 的影响力和知名度的逐步扩大，其收到的提交越来越多，arXiv 也相继做出了一些调整，要求作者有一个合法的所属科研单位（通过 Email 地址判断），即要在 arXiv 上发言，需要有个 ".edu" 后缀的 Email 地址作为注册地址，这种方法最初还是比较成功的，虽然 arXiv 内文章质量参差不齐，但是总的来说都符合一定的学术标准[1]。

到了 2004 年，随着提交的预印本越来越多，arXiv 于 2004 年 1 月 17 日开始引进审核机制——认可保证（endorsement）制度。其规定已经获得验证的学者（包括那些已经在 arXiv 提交过文章的作者和一些来自于知名研究机构的作者）在提交文章的时候可以免除认可保证程序，然而那些第一次提交文章到一个文库或者科目（subject class）的作者则需要与合格的 arXiv 认证人（endorsers）联系，以获得其为学术团体的活跃成员的证明。arXiv 根据其权威记录（authority record）确保认证人，即 arXiv 认证人必须在 arXiv 某个文库或主题类目的认证领域中已经提交了一定数量的文章，其中不同的学科领域对认证人提交文章的数量不同的要求，并制定了相应的标准。arXiv 只统计作者在三个月到 5 年前这段时间内发表的文章，以确保认证人是团体活跃的成员。通常情况下，arXiv 的认证人将会承担一年的认证工作。需要注意的是，认证工作并不是同行评审，arXiv 只要求认证人知道接受认证的作者或者看过那个作者想要提交的文章，检查那篇文章是否适合那个主题领域，而不要求认证人仔细阅读那篇文章或者证明文章是正确的。如果认证人发现作者对该研究领域的一些基本问题都不是很熟悉或者作品与这个领域当前的研究毫无关系，就不应该让那个作者通过认证。arXiv 保留停止一个人对任何人认证的权利，提交了一篇非常不合适的文章的人通过了认证，arXiv 就会中止该认证人认证的权利，不过认证人也可以选择拒绝认证某个作者。事实上 arXiv 认证人的身份介于 arXiv 用户和管理员之间。arXiv 在每篇摘要下方都设置有标题为"这些作者中

---

1. 傅蓉. 开放存取仓储［J］. 农业图书情报学报，2006（12）

哪些是认证人"的链接按钮，作者可以点击这个按钮进入认证人界面去寻找一个可以胜任认证工作的人。arXiv 认可保证（endorsement）制度确保 arXiv 以一个与传统同行评审期刊相比低得多的成本获取与当前研究相关的内容，以继续为科学团体和公众提供免费的资源[1]。

除了认可保证制度，为了确保 arXiv 稿件的质量和方便读者的使用，arXiv 还实行自我控制制度，移除那些在某些方面与 arXiv 政策相冲突的提交，包括：不合适的格式；不合适的主题；剽窃内容；提交他人享有著作权的材料等[2]。例如 2007 年 8 月 27 日，arXiv 开始使用反剽窃软件，目前 arXiv 管理部门已经因为某些作者过多的重复使用其他作者的文本而退回了 14 个作者的 65 篇文章。另外，arXiv 将会拒绝那些省略了数据的文章，而在 2008 年 6 月 26 日，arXiv 增加规模限制，限制过大的文件，以避免造成用户下载困难[3]。

arXiv 还增加了可以链接到博客的 trackback 功能。arXiv 摘要界面可以自动发现 trackback，当用户链接到 arXiv 的摘要页面的时候，Movabal Type 或 WorldPress 软件可以自动发送 trackback。trackback 可以反映链接到 arXiv.org 上的文章的网站，这一方面为研究者之间的即时交互提供了重要平台，另一方面也可以作为评价文章质量的一个重要指标，可以有力的弥补 arXiv 缺乏同行评审的缺憾[4]。

2.4 arXiv 的版权政策

arXiv 是一个学术材料知识库，提供对学术文献永久的存取，因此 arXiv 对提交的每一份文献和更换都必须保持永久的记录，这就涉及到版权的问题。arXiv 并不要求作者转让版权，但是需要必要的权利以确保其可以永久的传播提交的文章。因此 arXiv 规定想要提交文章到 arXiv 的作者必须遵守以下规则：

---

1. The arXiv endorsement system[EB/OL].[2008-8-25] http://arxiv.org/help/endorsement
2. The arXiv moderation system[EB/OL].[2008-8-30] http://arxiv.org/help/moderation
3. What's been New on the arXiv.org e-print archives[EB/OL].[2008-9-2] http://arxiv.org/new/
4. Trackbacks[EB/OL].[2008-8-20]http://arxiv.org/help/trackback

（1）承认 arXiv.org 对文章的传播是非排他性的和不能取消的，并保证他们有权认可这种许可。

（2）保证遵守知识共享署名许可协议（Creative Commons Attribution license）或知识共享署名非商业使用相同方式共享协议（Creative Commons Attribution-Noncommercial-ShareAlike license），其文章是可以为公众获取的，作者有权认可这项协议。

（3）证明作品属于公共领域。

一般情况下，作者有权认可这些协议，因为他们持有他们自己的作品的版权。arXiv 只支持以上两个知识产权协议（Creative Commons licenses）。需要注意的是，如果作者想提交或者已经将其文章提交到了某一份刊物，那么作者应该证明其选择的许可协议与期刊许可或版权转让协议不冲突，尤其要注意的是知识产权共享署名协议允许商业重新使用，因此与很多期刊协议相冲突。从 2004 年 arXiv 开始实行非排他性的传播协议（non-exclusive license to distribute）之后，很多期刊协议允许作者可以将文章提交到 arXiv。不过 arXiv 不接受从出版商网站下载的版权归出版商所有的 PDF 格式的文档，arXiv 也不接受那些包含有未授权在 arXiv 上传播的内容的文档，这包括评审的评论（版权归评审所有），当然也包括剽窃的材料。

另外，作者还需要注意的是，arXiv 规定许可是不可撤销的。因此只有当作者确信他们稍后不会在一本阻止预先在电子印本服务器上传播的期刊上发表这篇文章的时候，他们才可以小心的上传他们的文章。arXiv 不会遵守这样一本期刊的政策而移除一篇已经公布的文章——其许可协议规定提交了的作品是不可移除的。然而，给予 arXiv 的传播一篇文章的权利并不能排除稍后的版权转让。因此，即使期刊出版商要求版权转让，作者也可以自由出版他们已经在 arXiv 公布的作品。另外，如果作者已经获得了某个出版商许可，可以将内容上传到 arXiv，那么作者在文章中必须附上版权声明，版权声明要放在提交文章的第一页[1]。

1. arXiv License Information[EB/OL].[2008-8-28]http://arxiv.org/help/license

3.arXiv 的财务情况

开放存取仓储的运行费用目前主要依靠相关机构尤其是所在机构的赞助，比如大学、大学图书馆、研究团体、科学基金等，arXiv 电子印本文库正是借助于这些重要机构的支持和赞助建立起来，并获得持续稳定的发展。同时，arXiv 还通过较低的成本，实现其为全球公众免费提供永久的研究材料的目标。

3.1 arXiv 的资金来源

arXiv 电子印本文库初期运行费用来自 NSF（National Science Foundation，美国国家科学基金会）和美国能源部提供的年度资助，2001 年后转为康乃尔大学所有，成为一个私人的非盈利教育机构，由康乃尔大学图书馆（Cornell University Library）负责维护和运行，接受 arXiv 咨询委员会的指导和大量学科调解人（subject moderators）的帮助。arXiv 目前主要由康乃尔大学提供资金，并接受 NSF 的部分资助[1]。现在 arXiv 主站点设在康乃尔大学，网址为 http://arxiv.org/，另外在世界各地设有 16 个镜像站点，方便世界各国研究人员随时调用其中的文献，其中中国的镜像站点于 1997 年设立，位于中科院理论物理研究所，网址为 http://cn.arXiv.org。除了 arXiv 的 17 个站点外，arXiv 的文章还可以通过以下三个接口获取：The Front for the arXiv http://front.math.ucdavis.edu/；The IOP's eprintweb.org, http://eprintweb.org/S/；The NASA Astrophysics Data System (ADS)，http://adsabs.harvard.edu/。[2]

3.2 arXiv 的成本分析

arXiv 能够在没有向全球的使用者收取任何经费和支持，仅仅依靠机构提供的有限的经费和赞助的情况下，为一个专业领域提供如此大的学术研

---

1. General Information About arXiv[EB/OL].[2008-8-19]http://arxiv.org/help/general
2. Other interfaces to arXiv articles[EB/OL].[2008-8-22]http://arxiv.org/servers.html

究收藏，离不开其较低的成本。

　　arXiv 创始人和咨询委员保罗·金斯帕 2001 年在《Creating a global knowledge network》一文中详细的分析了 arXiv 的成本。其绘制了一个表格，详细的分析了潜在的生产一篇文章的成本、高端商业期刊每篇文章的收益范围、专业学会出版商每篇文章的收益／成本范围、网络出版服务商每篇文章的成本范围和 arXiv 每篇文章的成本范围。通过比较，金斯帕指出，arXiv 减少了前几种模式下的同行评审成本、印刷成本和版权转让成本，因此，其成本主要只包括每年的直接劳动力成本，包括处理文件提交和电子邮件"帮助桌面"业务的工作人员的薪酬，这样 arXiv 每篇文章的成本大概在 1 美元 -5 美元之间（维护静态档案数据库的硬件和劳动力成本只占很小的部分）。因为每篇提交的劳动力的分配差别有点大，所以每篇文章的成本的跨度也有点大。例如最初的高能理论物理文库，基本是在一种"完全自动化"的模式下运行，其用户根本不需要任何协助，因此大量的提交根本不需要占用劳动力工作时间，仅仅只有少量的新用户或者有问题的提交占用工作人员的时间，因此，其每篇文章的成本大概在 1 美元左右，而那些自动化程度稍低的文库，其实有问题的提交所占的比例很小，而且少数用户的问题事实上并不需要单独全面的处理，因此，其成本虽然会高一些，但是每篇文章的成本也不会超过 5 美元[1]。

　　以上的分析表明，在 arXiv.org 这种纯粹的科学信息传递体系下，很多生产工作的自动化或卸载到作者身上，使得编辑成本将会成为很多未经同行评审的发行系统的成本的主体，每篇文章的成本降低到传统的同行评审系统下的 1％到 0.1％，随着 arXiv 自动化技术的进一步发展和各个文库的日益成熟，未来整个系统甚至可以以每篇文章 1 美元甚至更低的成本运行[2]，这为 arXiv.org 的成功奠定了一个重要的经济基础。

---

1. Paul Ginsparg. Creating a global knowledge network[EB/OL]. [2008-8-28] http://people.ccmr.cornell.edu/~ginsparg/blurb/pg01unesco.html
2. Can Peer Review be better Focused? [EB/OL]. [2008-9-7]http://people.ccmr. cornell.edu/~ginsparg/blurb/pg02pr.html

4.arXiv 的社会影响

arXiv 是最早出现，也是现在知名度最大的电子印本文库，其建立和发展具有重大的社会影响，主要可以从以下几个方面反映出来。

4.1 推动开放存取运动的发展

尽管在 20 世纪 60 年代就已经有一些零零星星的开放存取运动，在 1970 年还有一些预印本数据库问世，如高能物理领域的斯坦福公共信息检索系统（Stanford Public Information Retrieval System, SPIRES），但并没有造成多大的影响。直到 arXiv 的成功建立，才真正推动了开放存取运动的蓬勃发展，兴起了兴建开放存取学科知识库、机构知识库和开放存取期刊的热潮。

arXiv 可以说是开放存取运动的先驱，其成功运作直接启发斯蒂万·哈纳德（Stevan Harnad）参照 arXix 的模式在 1994 年 6 月 27 日提出了著名的"颠覆性倡议"（ Subversive Proposal），号召将所有的"深奥的（esoteric）"文章——那些为了产生学术影响而非版税的作品——存档，并免费提供给互联网上的所有用户[1]。arXiv 模式也启发哈罗德·瓦穆斯（Harold Varmus）创建了著名的开放存取期刊平台——公共科学图书馆（Public Library of Science，简称为 PLoS）和著名的医学开放存取期刊平台公共医学中心（PubMed Central, 简称 PMC）。arXiv 还推动了机构知识库的建立，很多大学和研究机构都开始为其研究者发表的学术论文建立电子档案，而且出版者也更愿意适应"作者有权在开放的档案室中发表论文"的版权制度，一些传统期刊也加入了创办开放存取知识库的行列[2]。

4.2 巨大的提交量和使用量

arXiv 拥有巨大的提交量。其中 2006 年 10 月数学文库的提交量已经达到了 989 篇，迫使 arXiv 不得不于 2007 年 4 月 1 日起，改变其原有的标识

---

1. 维基百科.Subversive Proposal[EB/OL].www.wiki.cn/wiki/Subversive_Proposal
2. 欧阳雪梅，张苹，罗敏.OA 运动的发展历程剖析.编辑之友，2007（3）：73

符（identifier）设置[1]，以适应某些文库日益增大的提交需求（其中2007年数学文库平均每个月的提交量就达到了1050篇）[2]。

除了巨大的提交量之外，arXiv还拥有巨大的使用量。从1996年到2002年这7年间，arXiv提交的每篇文章平均被下载300多次，有些文章甚至被下载了数万次。与这个领域的网上期刊相比，其利用率高得多，甚至在传统期刊纷纷上网的这十几年间，其访问量也保持了巨大的增长[3]，平均每天都有100多万用户通过arXiv及其镜像站点使用arXiv的公共科学资源。例如2008年9月9日凌晨到上午23点56分，其主站点的访问量高达1009014(+1549 local & administrative connections)[4]。

4.3 科学研究者的积极支持

arXiv受到科学研究者的积极支持。一半以上的物理学家和数学家将其最新研究成果提交到arXiv，其中包括很多著名的数学家和物理学家。例如天才数学家Grigori Perelman在2002年将自己对于百年难题Poincaré conjecture的初步证明提交到arXiv，而且并没有将这些证明发表在同行评审期刊上，后来其证明被确认无误，并且因为他在数学Ricci flow和几何学上的贡献于2006年获得Fields Medal(数学界的诺贝尔奖)，除了Perelman，arXiv电子预印本文库的调解人Terence Tao也获得了Fields Medal，另外还有两位在2006年获得Fields Medal的科学家都是arXiv的重要作者，除此之外，获得罗尔夫·奈望林纳奖（Rolf Nevanlinna Prize

1. 关于arXiv的标识符：arXiv.org给提交的每一篇文章一个标识符做为文章的唯一编号，原有的标识符要求指定文章所在的文库，加上文章提交的年月记录，另外根据文章提交的时间顺序确定一个三位数的次序号，如果提交了多个版本，还要求在次序号后面加上文章的版本信息，例如1999年，1月1日高能物理库提交的第一篇文章第二次提交版本的分类号为hep-th/9901001vV，因此每个文库每个月提交文章的数量不能超过999篇。从2007年4月1日开始的标识符方案（0704 一）则是：所有的新文章的标识符为arXiv:0706.0001，并通过增加版本号表示特定的版本：arXiv:0706.0001v1，一般来说，形式就是：arXiv:YYMM.NNNNvV，其中YY表示两位数的年份（07 ＝ 2007，99 ＝ 2099，可以表示到06 ＝ 2106），MM表示两位数的月份号码（01 ＝ 1月，12 ＝ 12月）；NNNN表示每个月提交的从0001到9999篇文章。vV是一个v表示版本，加上版本号，以v1开始。
2. arXiv monthly submission rate statistics,31 Dec '07[EB/OL].[2008-9-7] http://arxiv.org/Stats/hcamonthly.html
3. Can Peer Review be better Focused? [EB/OL].[2008-9-7]http://people.ccmr.cornell.edu/~ginsparg/blurb/pg02pr.html
4. arXiv web server usage for 9 Sep '08 (arXiv.org site only)[EB/OL].[2008-9-10]http://arxiv.org/todays_stats

物理学领域的一个重要奖项）的 Jon Kleinberg 和获得应用数学领域重要奖项 Carl Friedrich Gauss Prize 的 Kiyosi Itô 等都在 arXiv 提交了大量文章[1]。

很多科学研究者都对 arXiv 电子预印本文库对物理学和数学研究所作的贡献做出高度评价，例如很多物理学家指出虽然 arXiv 电子印本文库虽然并未实行同行评审过程，但是总体而言提交的文章并不存在严重的质量问题，因此，是他们了解最新物理学研究进展的重要平台[2]；哈佛大学物理学家斯楚明格说："弦论在过去十几年会获得空前的进步，也许金斯帕的功劳比其他任何人都要多些。"[3] 而最近物理学在超弦、超导等热门领域的巨大进展，无不与 arXiv 联系在一起。金斯帕也因此获得了 2002 年的麦克阿瑟奖。

5.arXiv 的成功运营给我国电子印本文库建设的启示

arXiv 是世界上第一个成功运营的电子印本文库，其成功经验对我国电子印本文库的建设和发展具有重要的启示作用，主要表现在以下几个方面。

5.1 加强技术建设，增强文库功能

作为一个电子印本文库，arXiv 一直都非常重视加强技术建设，增强用户功能，方便使用和管理。例如从 1996 年 1 月 1 日开始，arXiv 就开始运用自动防备软件，开启监控功能[4]；作为 OAI(Open Archives Initiative) 的成员之一，2003 年 7 月 2 日，在 OAI 公布了 Open Archives Initiative

1. IMU Prizes 2006[EB/OL].[2008-9-3]http://www.mathunion.org/medals/2006/
2. "Brinkman Outlines Priorities,Challenges for APS in 2002",APS News, January 2002.[2008—9-3]http://www.aps.org/apsnews/0102/010208.html
3. 欧阳雪梅，张苹，罗敏.OA 运动的发展历程剖析[J].编辑之友，2007（3）：73
4. Robots Beware[EB/OL].[2008-8-29] http://arxiv.org/RobotsBeware.html

Protocol for Metadata Harvester v2.0（OAI-PMHv2.0）[1]之后，arXiv 同时支持 OAI-PMHv1.1 和 OAI-PMHv2.0，使用户的全文搜索更加便利；2004年9月29日，用户帮助界面安装了新的搜索引擎；2004年11月11日，计

---

1. 关于 OAI-PMH：简称为 OAI 协议，是一种独立于应用的、能够提高 Web 上资源共享范围和能力的互操作协议标准。OAI-PMH 是以 HTTP 为基础，在协定中，储存地被定义为可取用的网路系统，其包含可使用撷取协定进行检索的诠释资料；这些释资料以 XML 的编码（encoding）格式传回，不过需要使用无修饰词（unqualified）的 Dublin Core- 元素集（Element Set）来支援编码记录，然而 OAI 的协定也允许使用其他有支援 XML 记录定义。OAI-PMH 是以 HTTP 为基础，在协定中，储存地被定义为可取用的网路系统，其包含可使用撷取协定进行检索的诠释资料；这些释资料以 XML 的编码（encoding）格式传回，不过需要使用无修饰词（unqualified）的 Dublin Core- 元素集（Element Set）来支援编码记录，然而 OAI 的协定也允许使用其他有支援 XML 记录定义。 另外，OAI-PMH 亦可支援 Perl、Java 和 C++ 等程式语言。另外，OAI-PMH 亦可支援 Perl、Java 和 C++ 等程式语言。 OAI-PMH 主要的功能在於从电子全文的典藏处获得诠释资料，并予制作索引以为搜寻线索，达到便于搜寻电子全文的目的，而在进行全文检索时 OAI-PMH 会以不同的格式提供诠释资料。 OAI-PMH 主要的功能在于从电子全文的典藏处获得诠释资料，并予制作索引以为搜寻线索，达到便于搜寻电子全文的目的，而在进行全文检索时 OAI-PMH 会以不同的格式提供诠释资料。

算资源库安装了新的 CoRR 界面，虽然还在测试版，但是其下载速度更快；2005 年 12 月 arXiv 开始重新设置浏览器，使得几乎所有的 arXiv.org 读者使用的浏览器都支持 XHTML 和 CSS，让网络速度很慢的用户也可以访问 arXiv 电子印本文库；从 2007 年 4 月开始，arXiv 大量界面和处理系统升级，开始支持 PDFLaTeX，其文章标识符系统升级并重新设计了摘要界面；2007 年 8 月 27 日，开始采用反剽窃软件；2008 年 2 月 16 日，硬件和软件升级，开始接受以 DOCX/OOXML 格式提交的文章，使读者可以查找到用户提交的文章的所有版本[1]。arXiv 的技术建设加强了 arXiv 的自我控制能力，既方便了用户的使用，又使得文库的维护和管理效率更高。

5.2 引进新颖而灵活的审核机制，保证文章质量

金斯帕强调 arXiv 既不是一种正式的期刊，也不是一个电子公告板[2]，这就决定了其既不可能采用同行评审的审核制度，也不会像电子公告板那样不加选择地接受所有的提交。如前所述，arXiv 的审核机制从最初的需要有个 ".edu" 后缀的 Email 地址作为注册地址，表明作者科学研究人员的身份，到 2004 年启用的认证制度，再到 2007 年启用反剽窃软件加强文章的质量控制，与一般期刊相比，其审核制度新颖而灵活，而且保证了 arXiv 几乎所有的文章在各个不同的领域都有其重要价值，而且几乎没有一篇文章对那些活跃的物理学家而言是毫无用处的，这也许就是 arXiv 的专家读者渴望而且愿意在这些未经加工的档案材料中遨游，而且对其与经过严格过滤和加工的期刊相比在时效性和可获取性方面的重要价值做出高度评价的原因吧。

5.3 开展多种服务，方便用户使用

为了鼓励作者投稿、方便读者使用，arXiv.org 开展了多种服务方式。arXiv.org 通过设置详细的 "Help" 界面和 "Frequently Asked Questions (FAQ)" 界面对作者投稿和读者使用做出了非常详细的指导，并设置专门的

2. What's been New on the arXiv.org e-print archives[EB/OL].[2008-9-2]http://arxiv.org/new/
3. Paul Ginsparg. Winners and losers in the global research village[EB/OL].[2008-8-22]http://arXiv.org/blurb/pg96unesco.html

管理员电子邮箱，供用户向其咨询各种无法通过以上两个界面解决的问题。arXiv.org 还向用户开设邮件提示服务，订阅服务的方式非常的简单，只需要用户确定自己感兴趣的文库，并从"可以获取的服务"栏目中获取那个文库的电子邮件地址并向那个邮箱发送一封邮件订阅这项服务即可。此外，arXiv.org 还开辟了 RSS 服务[1]，arXiv 所有科目的知识库都可使用日常更新的 RSS 新闻供稿的页面，用户可以通过订阅某个文库的 RSS 服务，每天跟踪到 arXiv 的更新，直接在本机查看最新论文摘要，而不会因为文章太多而有遗漏或重复。

5.4 降低运营成本

arXiv 在有限的资金支持下，为了实现其对所有公开提交的文章提供持续的免费的存取的目标，通过各种方法降低其各种运营成本。

首先，arXiv 通过建立更方便的本地作者工具，降低其生产成本。这些本地作者工具包括一些自动化编辑软件和元数据编写软件，将会使用户独立自主的准备更加完整的便携式文件格式成为可能。arXiv 支持的 (La)TeX、AMS(La)TeX、PDFLaTeX、DOCX (Word 2007)、PDF、PostScript 和 HTML with JPEG/PNG/GIF images 等文件格式准确而且可以自动传递元数据、自动链接参考，并能够更好的处理数据和其他附件，这样各个研究领域的作者都可以成功的完成自助式提交，大大降低每篇文章的生产成本。

另外，arXiv 还通过一个自助式的协调和审核系统，降低 arXiv 的管理成本和编辑成本。

arXiv 实行自我控制系统，其控制人是获得 arXiv 咨询委员会和工作人员认可的提交的各类文章所涉及的领域的专家，他们不仅经验丰富，而且是义务性劳动，这就显著的降低了 arXiv 的管理成本。另外，arXiv 为了加强质量控制，引进了认证制度。认证人是活跃在各个领域的专家，他们的劳动同样是义务性的，因此，arXiv 在加强质量控制的同时，并没有增加编辑成本。

---

1. 关于 RSS：RSS 是在线共享内容的一种简易方式（也叫聚合内容，Really Simple Syndication）。通常在时效性比较强的内容上使用 RSS 订阅能更快速获取信息，网站提供 RSS 输出，有利于让用户获取网站内容的最新更新。

arXiv 电子预印本文库的建立和发展，加快了科学研究成果的交流和共享，在帮助研究人员追踪学科的最新研究进展和避免重复研究工作等方面都发挥了重要作用，它使得每个物理学家，特别是来自"第三世界"的物理学家在获取最重要科研动态的方面几乎不再存在时差（以前这个时间差至少是一年），作为世界上第一个成功的电子印本文库，arXiv 在其运营过程中积累了很多丰富的经验，对我国电子印本文库的建设和发展也具有积极的借鉴作用。

参考文献

［1］ Paul Ginsparg. Winners and losers in the global research village[EB/OL]. [2014-2-22]http://arXiv.org/blurb/pg96unesco.html

［2］ Goals and Mission[EB/OL]. [2014-2-22]http://arxiv.org/help/primer

［3］ About arXiv[EB/OL].[2014-5-27] http://arxiv.org/

［4］ Some electronic physics journals[EB/OL].[2008- 8-22]http://arxiv.org/servers.html

［5］Some electronic mathematics journals[EB/OL].[2008-8-22] http://arxiv.org/servers.html

［6］ arXiv monthly submission rate statistics

[EB/OL].[2014-5-27]http://arxiv.org/show_monthly_submissions

［7］ Can Peer Review be better Focused? [EB/OL].

[2008-9-7] http://people.ccmr.cornell.edu/~ginsparg/blurb/pg02pr.html

［8］ arXiv web server usage for 9 Sep '08 (arXiv.org site only)[EB/OL].

[2008-9-10]http://arxiv.org/todays_stats

［9］ IMU Prizes 2006[EB/OL].[2008-9-3]http://www.mathunion.org/medals/2006/

［10］ "Brinkman Outlines Priorities, Challenges for APS in 2002", APS News, January 2002. [2008-9-3]http://www.aps.org/apsnews/0102/010208.html

［11］ Robots Beware[EB/OL].[2008-8-29] http://arxiv.org/RobotsBeware.

html

[12] What's been New on the arXiv.org e-print archives[EB/OL].
[2008-9-2]http://arxiv.org/new/

[13] Other interfaces to arXiv articles[EB/OL]. [2008-8-22]http://arxiv.org/
servers.html

[14] Paul Ginsparg. Creating a global knowledge network[EB/OL].
[2008-8-28]http://people.ccmr.cornell.edu/~ginsparg/blurb/pg01unesco.html

[15] arXiv License Information[EB/OL]. [2008-8-28]http://arxiv.org/help/
license

[16] General Information About arXiv[EB/OL]. [2008-8-19]http://arxiv.
org/help/general

[17] The arXiv endorsement system[EB/OL].[2008-8-25] http://arxiv.org/
help/endorsement

[18] The arXiv moderation system[EB/OL].[2008-8-30] http://arxiv.org/
help/moderation

[19] What's been New on the arXiv.org e-print archives[EB/OL].[2008-9-2]
http://arxiv.org/new/

[20] Trackbacks[EB/OL].[2008-8-20]http://arxiv.org/help/trackback

[21] 欧阳雪梅，张苹，罗敏.OA运动的发展历程剖析.编辑之友，
2007（3）：73

[22] 傅蓉.开放存取仓储［J］.农业图书情报学报，2006（12）

长线策略＋持续创新：

亚马逊美国的数字出版成功秘诀

1995 年 7 月 16 日，杰夫·贝佐斯（Jeff Bezos）成立了全球第一家网络书店——亚马逊网上书店（Amazon.com，以下简称亚马逊），开启了 B2C（Business to Consumer，企业到消费者）电子商务模式的先河。亚马逊1997 年成功在纳斯达克（Nasdaq：AMZN），2002 年才开始在美国市场上实现盈利，之后，其在美国市场一路高歌猛进，不断在出版业并购与电子书、有声书、二手书有关的网站[1]，并于 2007 年推出电子书阅读器 Kindle，掀起了一场数字阅读革命，从根本上改变了美国图书出版的生态环境。[2]在2013 年公布的第八届"BrandZ"全球最有价值的百家品牌排名中，前 50 名里只有两家零售业公司：排名第 14 的亚马逊和排名第 18 的沃尔玛。同年出炉的第十六届哈里斯"公司信誉商数研究"（Harris Poll RQ Study），亚马逊在"情感吸引力"（Emotional Appeal）和"产品与服务"这两项信誉商数上排名第一[3]。亚马逊何以取得如此巨大的成功？长线策略和持续创新是亚马逊持续快速发展，获得消费者乃至投资者青睐的两项最重要的法宝。

---

1. 张远帆. 对亚马逊公司商业模式的几点思考——以亚马逊公司 2010 年报为中心 [J]. 出版广角，2014，（4）
2. 李青. 趣谈美国人的阅读变迁——写在亚马逊网店二十周年 [J]. 出版参考，2014，（5）
3. 练小川. 学习亚马逊还是对抗亚马逊？[J]. 出版参考，2013，（10）.

1. 长线发展战略

1.1 从长期市场地位出发

1997年，亚马逊在上市后发出的第一封致股东的信中，就已经强调自己的长线发展路线。亚马逊表示，其在发展中，将严格遵循一些原则，包括从长期市场地位出发，而不是短期盈利或者华尔街的短期态度来做出投资决定。这一策略在最初推行的时候，遭遇过不小的障碍，然而，在挺过2000年互联网泡沫后，市场开始逐步接受亚马逊的长线战略。2001年第四季度，亚马逊首次实现盈利，这令市场对其策略更是坚定不移。财报显示，亚马逊当季收入超过10亿美元，净利润约500万美元。[1] 而今，13年后，尽管亚马逊的季度收入已经高达近300亿美元，其盈利率却仍然相对较低，但是，因为亚马逊一直有着明确的市场定位，且一直坚持着致力于建立并延续其成为市场领导者的发展战略，而通过近20年的发展，其有着良好发展前景的核心业务，包括数字出版和电子阅读、第三方电子商务、亚马逊网络服务系统"亚马逊云计算服务"（Amazon Web Service）等确实是处于市场领先地位或者说是有盈利能力的，因此，亚马逊得到广大消费者和投资者的信赖，市盈率一直非常高，最高的时候甚至达到其PE（Private Equity，私募股权投资，是通过私募形式募集资金，对私有企业，即非上市企业进行的权益性投资，从而推动非上市企业价值增长，最终通过上市、并购、管理层回购、股权置换等方式出售持股套现退出的一种投资行为，简称PE）的700倍。

1.2 以用户为中心

"以用户为中心"也是亚马逊长线发展战略不可缺少的一部分。1998年，贝佐斯首次提出了亚马逊的战略目标是"全世界最以客户为中心的企业"。亚马逊的CEO贝佐斯曾经表示，如果有100万个顾客，那么就要为他们打造100万个亚马逊。亚马逊会通过500项可以度量的目标来追踪绩效，其中80%都与顾客有关。这一企业理念指引亚马逊建立组织架构并开发出很

---

1. 秦伟. 568倍PE，"长跑者"亚马逊高估值之谜 [N]. 21世纪经济报道，2014-4-24（012）

多创新性的服务。

1.2.1 高度重视用户的组织架构

从亚马逊的组织架构中我们可以看到一个特点：各部门均有与 customer service（客户服务）相关的接口，用户的投诉和意见每天被各部门审查并及时处理。对于用户投诉严重的商品，客户服务部门有权力暂停上架或售卖。在亚马逊，权力最大的不是公司各个部门的负责人，而是客服部门。客服有时候甚至可以直接把问题发给 CEO 贝佐斯。通常，贝佐斯会把这些邮件转给相关部门，并要求查清楚问题到底出在哪里。这清楚地告诉我们一点：以客户为中心。对客户的重视不光体现在客户至上的理念中，更加体现在对消费者的深入挖掘并且满足其需求上。[1]

1.2.2 提供金牌服务，高度关注用户

亚马逊的价值观是其商业模式中最为核心的内容，即长期策略和"高度关注消费者"。其创始人贝索斯在不同场合均强调，如果有所谓的商业模式，那就是"做一切可以做的事去满足消费者的根本需求"。关注消费者和面向消费者是亚马逊持之以恒的理念，亚马逊的很多创新性服务，如便捷的购物过程、强大的搜索引擎功能、预览部分章节、消费者商品评比、推荐类似书目等，都是在这一理念下拓展出来的。亚马逊还推出了旨在提高用户便利性的金牌服务，其每年在这一项目上要投入数亿美元。例如亚马逊向拥有 Kindle 电子阅读器或平板电脑的金牌服务用户推出图书租赁业务，用户可以无限期租赁图书。为了获得图书出租权，亚马逊向部分出版商支付了一次性的费用，这一服务可能会给亚马逊增加数千万美元的成本。此外，亚马逊近期还为金牌用户提供了数字视频服务，该服务由于需要与内容制作公司签订协议，亚马逊已经为这一服务投入了 3.5 亿美元[2]。这些金牌服务极大的增加了亚马逊的服务成本，但是亚马逊表示为了更好的服务于用户需要，其还会继续在类似服务上投入巨资。

1.2.3 亚马逊数字出版提升用户体验

"用户体验"作为企业理念的第一条，写在贝佐斯 1997 年上市第一年的致股东信里，至今没变。用户体验是一个综合的考量，涵盖商品／服务的

1. 小荷．挖掘亚马逊五大成功基因 [J]．中国电信业，2013，（10）
2. 徐会波．我国电子书市场发展的现状、原因及对策分析——以美国亚马逊电子书发展的成功经验为例 [J]．对外经贸实务，2012，（10）

范围和质量、价格优势、交易的便捷性、送货的及时和快捷、顾客信息的安全、售后服务等。亚马逊的所有创新都是围绕着用户体验和需求而进行的。建立一种用户体验，来提高用户在线购物的可能性是亚马逊取得成功的关键。庞大的用户消费数据库、高效的云计算能力、人性化的用户界面和营销手段、不断丰富且有针对性的内容与服务是亚马逊致力于用户体验服务的保障。本着致力于不断完善用户体验动态体系的理念，亚马逊在 2012 年进驻 Facebook 社交平台，原因只有一个，那就是满足用户的社交需求和娱乐需求，提升用户体验。[1]

1.3 兼并和收购对企业长期发展有利的业务

与欧美其他大型出版集团和网络巨头的发展脉络一致，亚马逊也开展了大量的兼并和收购活动。根据 SimplyBusiness 的统计，2007 年之后，亚马逊开始进入并购高峰期，这一年，亚马逊在并购上花费约 3300 万美元。2008 年，仅收购有声图书公司 Audible，亚马逊就付出了 3 亿美元；2009 年，收购 Zappos 的代价则高达 9.28 亿美元。随后几年，亚马逊公布金额的重大收购包括以 5.45 亿美元收购 Quidsi、以 3.17 亿美元收购 LoveFilm 以及 7.75 亿美元收购 Kiva System 等。[2] 亚马逊能够在短短不到 20 年的时间里，成为全球最大的电子商务网站，离不开其基于长线发展的大大小小的并购活动，可以说，每次成功"出手"，都使其轻松跨入了一个全新的战略业务单元。在这里，我们将会选取几个代表性案例来梳理其基于数字出版长期发展的并购历程。

1.3.1 并购多家有声图书公司

亚马逊早期的销售很多都是靠附着音频、视频内容的 CD 和 DVD 等产品带来的，因此，其很早就意识到音频市场的发展潜力，制定了占领音频下载市场的发展战略。亚马逊在 2000 年就开始了有声图书的探索，斥资百万美元购买了数字音频供应商奥德博公司（Audible.com）5% 的股权，与之成为战略合作伙伴，拓展了有声书业务。其后，2007 年，亚马逊收购美国最大的独立有声读物出版商华晨音频公司（Brilliance Audio）。该公司不

---

1. 崔恒勇．亚马逊模式对我国数字出版发展的启示 [J]．出版发行研究，2013，（7）
2. 秦昊．568 倍 PE，"长跑者"亚马逊高估值之谜 [N]．21 世纪经济报道，2014-4-24（012）

仅独立制作有声书，还承接其他有声书出版商的有声书制作业务。2008年，亚马逊以每股11.50美元现金的价格收购了数字音频内容提供商Audible，此次交易大约耗资3亿美元。

Audible是美国最大的有声书出版商，占据音频市场75%的份额。其8万多种数字音频产品包括有声书籍、报刊、杂志、电视广播节目和其他可供下载的内容，如来自史蒂芬·金（Stephen King）等知名作家的有声书，以及来自《纽约时报》《纽约客》等新闻媒体的音频内容等。亚马逊通过收购Audible扩充数字音频内容资源，推出新服务，改善了业务结构，拓展了在线音频书籍市场，增强了自身在全球数字音频内容下载市场的竞争力。

1.3.2 并购电子书公司，进入数字图书出版行业

早在Kindle推出市场以前，亚马逊就通过并购电子书公司，进入了数字图书出版行业。2005年，亚马逊收购了总部位于巴黎的莫比口袋公司（Mobipocket.com SA）。该公司是法国一家提供手机电子书和移动阅读技术服务的公司，成立于2000年3月，主要产品为电子书阅读软件Mobipocket Reader。亚马逊收购Mobipocket，旨在获得它的移动电子书资源以及相关标准，为后续推进数字内容业务发展、试水电子书出版获取一块"敲门砖"。通过这次并购，亚马逊正式进入了数字图书出版行业。2009年，电子书市场全面火爆，竞争也越来越激烈。为了在竞争中保持有利地位，亚马逊收购了电子书应用软件开发商莱克赛克（Lexcycle）。Lexcycle公司最有名的电子书应用程序为Stanza。Stanza软件可在普通电脑、苹果 iPhone智能手机及iPod Touch等环境中运行，用户可借此下载和阅读不同格式的电子书，同时，Stanza应用程序还支持20多种文件格式，包括txt、html、doc、pdf、EPUB以及mobi等。该软件还允许用户把各种格式的电子书转移到亚马逊Kindle电子书阅读器当中，从而方便用户在Kindle上阅读PDF、Word及其他格式的电子书内容。Stanza一经推出就受到热烈追捧，警醒的亚马逊遂买下了Stanza的开发公司Lexcycle。这宗收购使亚马逊得以利用Lexcycle的技术与经验，创造更优秀的电子书产品，摆脱了潜在危机，继续占据电子书市场主导地位。

1.3.3 并购自助出版公司

亚马逊主要是通过并购活动确立其自助出版霸主的地位的。2005年，

亚马逊收购了按需出版公司书涛（BookSurge）。后者是当时全球最大的按需印刷公司，向发行商和作者提供书籍按需印刷和网络发行服务。同年，亚马逊收购自助出版公司创意空间（CreateSpace）。和 BookSurge 类似，该公司向自助出版者提供工具和按需发行服务。2009 年，亚马逊公司将旗下的 BookSurge 公司整合到 CreateSpace 公司中，使之成为为亚马逊所有作者和出版商提供自助出版和按需印刷服务的统一而完善的平台。这一系列收购和整合，使亚马逊在美国方兴未艾的自助出版领域占据了举足轻重的地位。2011 年，美国自助出版发行的纸质书达到 14.8 万种，占全美纸质书总数的 43%；而其中，有 5.8 万种是通过亚马逊旗下的 CreateSpace 平台出版发行的。

回顾亚马逊十余年的并购历程，可以看出亚马逊所奉行的并购战略与背后的逻辑：亚马逊的并购往往立足于长远的商业布局，每一家被并购的公司都拥有亚马逊想要的技术或资源，亚马逊通过一系列的并购与自建，构建起自己的生态系统。[1]

2. 持续创新

除了长线策略以外，持续创新是亚马逊在数字出版领域取得重大成功的另一个重要法宝。亚马逊的持续创新主要表现在技术创新、商业模式创新以及营销创新这几个方面。

2.1 技术创新

亚马逊不但是一家伟大的零售公司，更是一家强大的技术公司。亚马逊背后隐藏着一套强大的技术体系，技术是深入挖掘消费者需求、贯彻"客户至上"、实现创新的根本支撑，是其他几个成功基因实现的基础。亚马逊持续在技术开发和建设方面投入巨资，并曾连续 4 年蝉联《商业周刊》全球 IT 企业 100 强榜首。无论是零售、供应链，还是仓储物流等业务系统，

---

1. 徐丽芳，池呈. 亚马逊：基于并购的成长史 [J]. 出版参考，2014，（4）.

或者是其出色的数据挖掘与分析能力，都是由亚马逊强大的技术所支撑的。

当今火爆的"云计算"最早也是由亚马逊提出的，其于 2006 年就前瞻性地进军云计算领域。虽然这一投资计划当时受到了包括华尔街在内的各种质疑，但是现在，当各大科技公司还在憧憬云计算的未来时，亚马逊 2010 年基于云计算的亚马逊网络服务（Amazon Web Services，简称 AWS）业务收入已超过 5 亿美元，成为亚马逊获利最高的业务之一。[1] 贝佐斯在 2010 年报致股东的公开信里明确提出，亚马逊会更加重视基于云计算的亚马逊网络服务。除了把云计算用于 Kindle 电子书的服务环节（如贝佐斯在公开信中提到的 Kindle 特有的跨平台同步功能"Whispersync"）之外，亚马逊 2006 年率先推出了云计算网络存储的租赁业务，使用弹性计算云（EC2）和简单存储服务（S3）为企业提供计算和存储服务。收费的服务项目包括：存储服务器、带宽、CPU 资源以及月租费。月租费与电话月租费类似，存储服务器、带宽按容量收费，CPU 根据时长（小时）运算量收费。目前，亚马逊云拥有包括《纽约时报》、纳斯达克证券交易所在内的 40 万家企业客户。这就是亚马逊强大的技术创新力量。[2] 亚马逊凭借其强大的技术力量，为其客户提供网络服务。例如 2012 年，AWS 就与全球首屈一指的互联网安全解决方案供应商 Check Point 联手，推出针对保护企业资产的 Check Point Security Gateway 云安全平台。亚马逊将为虚拟化的 Check Point 安全网关设备提供物理硬件平台，用户可以通过 Check Point 管理平台配置和管理该安全网关设备。面向 Amazon Web Services 的虚拟化设备，支持 Check Point 安全网关的各项功能，其中包括防火墙、VPN、防病毒，和可由软件刀片加入的其他安全应用等。通过 NGX 安全平台，Check Point 为范围广泛的边界、内部及 Web 安全解决方案提供统一的安全构架，保护业务通信，以及公司网络及应用程序、远端员工、分支机构及合作伙伴外部网的安全。[3]

2.2 商业模式创新

技术创新为商业模式创新增加了动力和基础，亚马逊也利用其强大的

1. 小荷. 挖掘亚马逊五大成功基因 [J]. 中国电信业，2013，（10）
2. 张远帆. 对亚马逊公司商业模式的几点思考——以亚马逊公司 2010 年报为中心 [J]. 出版广角，2014，（4）
3. 亚马逊与 Check Point 联手打造云安全平台 [J]. 办公自动化，2012，（4）

技术力量，尝试和建立各种新型商业模式。

2.2.1 发展自助出版

如前所述，亚马逊从本世纪初就开始建立自助出版商业模式，建立了自助出版平台 Kindle Direct Publishing，任何人只要将 Word、TXT 或者 HTML 文件上传，标明作者、编辑、目录等基本信息，就可以在 10 分钟内出版一本电子书，价格由作者在 0.99-200 美元的范围内自定，作者获得零售价 70% 的版权使用费。[1] 这就意味着亚马为个人提供了一个出版、销售平台，同时也意味着它以此扩大自己的电子书库，将原本会流向传统出版业的内容资源变为亚马逊专有，极大丰富了自己的内容资源。亚马逊构建的自助出版平台，是全开放式平台，消除了出版门槛，让出版变成人人可参与的活动，使自助出版在美国呈燎原之势，以此构建了亚马逊电子书城自身独有的内容资源优势。[2]

2.2.2 开创电子书订阅模式

亚马逊较早将订阅模式引入其电子书销售领域。2011 年，亚马逊的 Kindle 图书馆租借业务（Kindle Owners' Lending Library，KOLL）开始运营，它允许拥有 Kindle 设备的主要订阅者每月免费"借阅"一本电子书，这曾经让许多出版商颇为恼火。但是，各种限制条件和主要由自助出版物组成的书目使 KOLL 逃过了很多版权纠纷。目前，Kindle 图书馆提的图书已超 40 万本，其中有一半是通过 Kindle 直接出版系统出版的，每年的订阅服务费是 79 美元。

2.3 营销创新

2.3.1 产品创新

亚马逊不遗余力的推动产品创新。以 Kindle 电子阅读器为例，E-ink 技术的运用、超长的待机时间都是其决胜于电子书市场的法宝。继此之后，Kindle 系列电子书阅读器又增加了触屏功能、背光功能等、这些产品创新有效地满足了消费者的需求，使其能够在竞争日趋激烈的电子书领域一直保持领先地位。除此之外，亚马逊还推出了平板电脑和手机产品。因为，在

---

1. 李晓松 . 亚马逊：只做领跑者 [J]. 中外管理，2010，（10）
2. 饶毅 . 浅析美国亚马逊公司数字出版商业模式 [J]. 编辑之友，2012，（7）

这两类产品市场中，亚马逊并非开拓者，而是跟随者，因此，其通过产品的创新建立竞争优势。以 KindleFire 为例，其 7 英寸的多点触摸 IPS 电容显示屏，深度定制的谷歌 Android 操作系统及其内置的 Amazon Appstore，以及一个使用 AmazonECZ 技术的云端浏览器 AmazonSilk，都与一般的平板电脑有所不同。而亚马逊的手机也进行了很多技术细节的创新。[1]创新是亚马逊电子产品取得成功的关键，2007 年 11 月，亚马逊网站推出了亚马逊网站还为用户设立了私人图书馆账户，消费者在其网站购买了电子图书，就购买了这本书的终身使用权，假如电子书阅读器丢失或换新一代的电子书，用户只需再次登网站就可以免费下载买过的书籍。对读者来说，拥有亚马逊的 Kindle，就等于拥有了一个永远不丢失的图书馆。[2]

2.3.2 灵活创新的价格策略

总的来说，亚马逊一直坚持低价策略。在硬件销售方面，Kindle 电子书阅读器系列在问世后，就一直持续降价，2011 年 9 月，亚马逊推出的 Kindletouch 和 Kindle4，其中 3G 版的 KindleToueh 售价 149 美元，非 3G 版售价 99 美元，而 Kindle4 的售价仅为 79 美元，其平板电脑 KindleFire 一面世，便以每款 199 美元的低价赢得了消费者的青睐，远远低于 iPad 的价格。[3]除了硬件销售实行低价策略外，亚马逊在电子书销售方面，更是建立了自己独有的价格体系。2010 年 1 月，亚马逊宣布自己的电子书价格体系，将电子书销售价格界定在 2.99-9.99 美元之间，由此彻底将电子书价格封杀在 10 美元之内。游戏规则的改变，引起了传统出版商的强烈不满和反弹，然而却得到美国民众和司法部的支持。在自助出版领域，亚马逊的价格策略更加灵活。2010 年 6 月，美国的亚马逊公司推出自助出版服务（Kindle Direct Publishing，KDP），鼓励作者自主定价，并制定了两个不同的版税标准使作者执行电子书低价路线，如向电子书单本售价低于 2.99 美元的作家支付售价 35% 的版权使用费，而向电子书单本售价介于 2.99 美元到 9.99 美元的作家支付售价 70% 的版权使用费。[4]这种灵活创新的定价策略帮助亚

1. 安小兰,李晓玺.竞争环境下亚马逊Kindle族发展策略探析.文化产业研究,2013,(4)
2. 徐会波.我国电子书市场发展的现状、原因及对策分析——以美国亚马逊电子书发展的成功经验为例 [J].对外经贸实务，2012，（10）
3. 安小兰,李晓玺.竞争环境下亚马逊Kindle族发展策略探析.文化产业研究,2013,(4)
4. 亚马逊数字平台完善 自助出版赚得更多 [EB/OL].[2013-3-20]http://www.bookdao.com/article/31702/

马逊更好的满足了消费者的需求，并通过较高的版税支出逐步瓦解出版商对内容资源的控制权，使得电子书价格进一步走低。

2.3.3 推广模式创新

亚马逊在成立初期，聘请了 20 多名书评家和编辑组成的团队，这些书评人为亚马逊写书评，推荐新书，挑选非常有特色的新书标题放在亚马逊的网页上。《华尔街日报》曾经盛赞这些书评家，因为他们为读者提供有效的阅读指引，使得书籍销量猛增。1998 年，贝佐斯决定尝试一种新的推广模式：根据客户个人以前的购物喜好，为其推荐具体的书籍，基于这种设想，亚马逊的员工格雷戈·林登申请了著名的 "item-to-item" 协同过滤技术的专利，并不断对这项技术改造，建立了亚马逊独有的推广系统：个性化推荐系统。[1]

3. 亚马逊面临的风险

尽管亚马逊在数字出版领域取得了巨大成功，但是，其同样也面临着一些风险。

3.1 第三方平台监管存在漏洞

2013 年 4 月，广西师大出版社贝贝特图书公司通过亚马逊中国后台销售数据监控发现，原本日销量近千册的《看见》突然滑落至仅一两百册，该公司立即对此进行了详尽查询后得知，亚马逊关于《看见》一书的默认链接已换成第三方卖家。后经抽调第三方卖家样书，贝贝特图书公司发现这些售价在 6 折以下的低价书均有用纸差、错字、印图模糊等盗版痕迹，并最终确定其确为盗版。其后，国家版权局要求亚马逊进行整改：永久关闭 36 家涉嫌销售盗版图书的卖家店铺；提高畅销书第三方卖家门槛，建立卖家认可制；建立绿色通道，及时快速对版权方和客户的投诉做出反应；加大对第三方平台的监控和惩罚力度。尽管相对而言，亚马逊美国的版权

---

1. 维克托·迈尔-舍恩伯格，肯尼思·库克耶著，盛扬燕，周涛译. 大数据时代. 杭州：浙江人民出版社，2013：68-70

保护环境更好一些，亚马逊美国第三方图书销售平台尚未爆出类似事件，然而，在全球化的过程中，如何根据当地的版权保护环境和法律政策，加强对第三方平台的监管，还是亚马逊亟待解决的问题。一朝不慎，亚马逊的品牌价值就可能受到极大的影响，在竞争中处于被动地位。

3.2 电子书质量监管存在难度

除了第三方平台监管存在漏洞外，亚马逊美国电子书平台的电子书质量也广受诟病。有读者投诉说："每一行（和段落）采用的是双倍行距。这是多么糟糕的阅读体验。出版商应该赔偿我阅读其电子书所遭受的痛苦。"[1]2012年，阿歇特出版集团（Hachette）在亚马逊Kindle销售的电子书，J.K.罗琳（J.K.Rowling）的《空缺》（《The Casual Vacancy》因为格式的问题，导致读者无法在Kindle上阅读而被召回。其他畅销书，包括丹·西门（Dan Simmons）的《尼尔·盖曼的恐怖和星尘》（《The Terror and Stardust by Neil Gaiman》），其电子书买家也评论其阅读体验很差，文字的呈现和运行不佳。除了阅读体验差这种质量问题外，大量自助出版类电子书更是充斥着暴力、色情等内容。这些书给经验丰富的出版团队带来了丰厚的利益，然而与其创造的良好的市场价值不相符的是，其缺乏读者需要的质量、优越和设计标准。如果亚马逊忽略了这些因素，读者也将很难接受电子书，这并不仅仅会导致其会失去销量和引起读者的不满。正如我们所知道的，满意的读者将会向他们的朋友和同事推荐电子书，而愤怒的读者则会向数千人表达其糟糕的阅读体验。读者喜欢那些易于打开和显示流畅的电子书，他们也会毫不犹豫地购买和阅读那些电子书[2]。因此，对电子书质量的监管，也是亚马逊美国需要解决的问题，然而，因为电子书数量庞大，且阅读体验本身是一项比较主观的东西，评判存在难度，因此，电子书质量监管存在难度。

3.1.3 云安全问题

除了以上两项问题外，云安全问题也是亚马逊未来发展中需要重点解决

1. Kassia Krozser.Quality Control: It Matters[EB/OL].[2014-2-12]http://booksquare.com/quality-control-it-matters/
2. Deanna Utroske. Avoiding Ebook Casualties:The Importance of Quality Assurance[EB/OL].[2014-3-12] http://www.digitalbookworld.com/2013/avoiding-ebook-casualties-the-importance-of-quality-assurance/

的问题。亚马逊已经在公共云领域比较稳固地建立了自己的优势。自 2006 年推出以来，AWS 一直保持高速的产品研发节奏，其中按虚拟机付费的弹性计算云（EC2）已经成为云计算的旗舰产品。与此对应的是 AWS 惊人的指数型发展速度。据美国调查公司 451Group 的报告，AWS 已经占据了美国 59% 的基础设施及服务（IaaS）市场份额，领先优势相当明显。

实际上，比平台本身发展更重要的是，它已成为创业生态系统的基石。不过，亚马逊必须开始担心业内十分关注的云安全问题。在 2011 年不到一年的时间里，AWS 服务遭遇了三次大规模宕机事件：2011 年四月份当时整个美国东海岸数天无法正常使用服务；八月，欧洲的数个可用性区域遭受断电威胁，同时位于爱尔兰都柏林的亚马逊数据中心宣告备份生成工具未能正常生效；2012 年 1 月，亚马逊旗下的电子商务网站 Zappos 成为又一位安全事故的受害者——2400 万用户信用卡信息可能发生泄露。除了企业的口碑及信誉大受损害，这次事故也引发了一系列纠纷及诉讼。

3.1.4 激烈的竞争环境

IaaS 市场的绝对优势不能确保亚马逊长久的领先地位，毕竟一站式的服务对用户永远是极具吸引力的。而且在 IT 服务领域 IaaS 仍是公认利润不高的领域，平台即服务（Platform-as-a-Service，简称 PaaS）和通过网络进行程序提供的服务（Software as a Service，简称 SaaS）才是资本和利润的肥沃之地，而亚马逊想要进军这两各领域可谓困难重重。从这方面看，虽然 AWS 云平台无论在执行能力还是在前瞻性上，都在 IaaS 提供商中处于领先地位，亚马逊仍需做出更多变化。尽管目前亚马逊也在向 PaaS 扩张，加入很多管理和监控服务，然而，在 PaaS 这片可以看到的广阔市场，已经云集了几乎所有的 IT 和网络巨头的身影，包括谷歌、微软、VMware、IBM、红帽软件、甲骨文以及 Saleforce、Rackstack 等等，都在 PaaS 上进行了大量投资，发布了一个又一个云计算平台级产品。相比起来亚马逊作为最大的云计算玩家，在 PaaS 的脚步有点迟。从这个角度看，亚马逊在云计算领域的领跑，只是暂时的。从现在看，云计算领域竞争者有以下几种：电信运营商、提供数据中心的 IT 巨头、芯片和服务器公司、提供平台的软件公司以及无数应用层面的公司。这几类企业覆盖了整个生态圈的各个类型，在可以预见的未来几年，这种混乱的竞争仍将持续，不过留给亚马逊的领跑时间已经不多[1]。

参考文献

［1］ Kassia Krozser.Quality Control：It Matters[EB/OL]. [2014-2-12]
http://booksquare.com/quality-control-it-matters/

［2］ Deanna Utroske. Avoiding Ebook Casualties: The Importance of Quality
Assurance[EB/OL].

[2014-3-12]http://www.digitalbookworld.com/2013/avoiding-ebook-
casualties-the-importance-of-quality-assurance/

［3］ 维克托·迈尔 - 舍恩伯格，肯尼思·库克耶著，盛扬燕，周涛译．大
数据时代．杭州：浙江人民出版社，2013

［4］ 张远帆．对亚马逊公司商业模式的几点思考——以亚马逊公司
2010 年报为中心 [J]. 出版广角，2014，（4）

［5］ 冯海超．亚马逊的云计算模式还能领跑多久 [J]. 互联网周刊，
2012，（5）

［6］ 徐会波．我国电子书市场发展的现状、原因及对策分析——以美
国亚马逊电子书发展的成功经验为例 [J]. 对外经贸实务，2012，（10）

［7］ 安小兰，李晓玺．竞争环境下亚马逊 Kindle 族发展策略探析．文
化产业研究，2013，（4）

［8］ 李青．趣谈美国人的阅读变迁——写在亚马逊网店二十周年 [J].
出版参考，2014，（5）

［9］ 练小川．学习亚马逊还是对抗亚马逊？[J]. 出版参考，2013，（10）

［10］ 崔恒勇．亚马逊模式对我国数字出版发展的启示 [J]. 出版发行
研究，2013，（7）

［11］ 小荷．挖掘亚马逊五大成功基因 [J]. 中国电信业，2013，（10）

［12］ 徐丽芳，池呈．亚马逊：基于并购的成长史 [J]. 出版参考，
2014，（4）

［13］ 饶毅．浅析美国亚马逊公司数字出版商业模式 [J]. 编辑之友，

---

1. 冯海超．亚马逊的云计算模式还能领跑多久 [J]. 互联网周刊，2012，（5）

2012，（7）

[14] 李晓松．亚马逊：只做领跑者 [J]．中外管理，2010，（10）

[15] 亚马逊与 Check Point 联手打造云安全平台 [J]．办公自动化，2012，（4）

[16] 秦伟．568 倍 PE，"长跑者"亚马逊高估值之谜 [N]．21 世纪经济报道，2014-4-24（012）

[17] 亚马逊数字平台完善 自助出版赚得更多 [EB/OL]．[2013-3-20]http://www.bookdao.com/article/31702/

美国辅助型 POD 出版商发展研究 [1]

在 20 世纪 90 年代，一系列新的印刷和装订技术为我们制定出版决策提供了帮助。同时，数字文档作为印刷品的替代方式给我们提供了一种新的选择：出版商不再需要一次印几千本书作为赌注进入市场。这种新的技术使得出版商可以根据购买需求仅印一本书，或者印几百本书，保持较小的存货量。这是按需出版的早期应用方式。

按需出版（POD，Print on Demand），是指按照客户需要的时间、地点印刷制作出客户需要的印刷品或出版物。美国是世界上第一个实现按需出版的国家，其标志性事件是 1997 年闪电印刷公司（LSI）最先使用按需印刷技术为一所学校印制了 50 本急需的已经脱销的教材。对于传统出版商而言，按需印刷技术在解决某些长期存在的问题方面非常有效。它可以使我们重新获得已经绝版了的图书，使图书保存的时间更长。当一种销售不佳，而又深具价值的图书脱销的时候，出版商无须再为做出不再出版这种图书或是冒险生产并将另外几千本图书长期压在仓库的决定而烦恼。文本可以以数字形式保存，当有人要买一本书时，一个服务机构，例如闪电印刷公司，或者主要图书批发商，例如英格拉姆（Ingram），可以即时印刷一本书并将其发送给消费者或书店。POD 技术在这些方面的应用是出版业的重大进步，但是，它仅仅是对已经存在的图书的更有效或者更具经济性的一种方式。目前按需出版在美国发展得如火如荼，除了传统按需出版形式之外，一种

---

1. 改编自论文《按需印刷与辅助型出版商》。该论文 2008 年 6 月发表于《出版与印刷》杂志。

新的按需出版形式——辅助型出版（Subsidy Publishing）在美国迅速发展起来，为我们开创了一种新的文化生产形式。

1. 辅助型出版和辅助型出版商的含义

辅助型出版是根据创作者需要的时间、地点为创作者将其书稿制作成图书提供出版服务的一种出版形式。它是 POD 出版的一种形式，但是与传统 POD 出版不同的是，辅助型出版是一种以生产而不是消费为核心的 POD 出版形式，出版的图书是新书而不是已存在的图书，客户是作者而不是读者，承担出版费用的也是作者而不是出版社。辅助型出版商（Subsidy Publishers）即是指为任何想要将自己的手稿变成图书的人提供出版服务的企业。有些批评家认为这些 POD 辅助型出版商的出现只不过是那些通过掠夺渴望出书的人而生存的"伪出版社"（vanity publishers）的一种新形式。因为就像"伪出版社"一样，辅助型出版商扭转了传统出版逻辑：他们的主要市场是作者，而不是读者。然而，与"伪出版社"不同的是，一方面，二者的成本不同，辅助型出版商的成本更低，出版一本书的费用是几百美元而不是几千美元；另一方面，二者的信用不同，辅助出版商与一些合法的图书机构紧密联系，例如 Books in Print[1]（美国在版书目）、亚马逊（Amazon）、英格拉姆（Ingram），并会清楚的标明他们会为作者开展哪些服务，而"伪出版社"则不会与合法机构联系，而且承诺的服务基本不会履行。辅助型出版运用新技术去创造最古老的媒体形式——印刷出版物，使得千千万万的过去只能将作品锁在抽屉或者写在日记里的人成功的将其作品出版，而且他们的书出现在版图书数据库以及亚马逊等的图书目录中，世界各地的人都可以分享和获取。

---

1. 美国出版商在版书目，汇集了 21,000 家出版社的 80 万种图书。印刷版目前共分 9 卷，包括作者篇 4 卷，书名篇 4 卷，出版社篇 1 卷，分别按字顺排列。著录项目包括：著者、书名、出版者、书价、出版年、卷数、LC 卡片号和 ISBN 号等。

2. 辅助型出版商的经营特点

Thompson 在《数字时代的图书》一书中曾经指出了出版商必需具备的三个条件：生产某种类型的文化商品、购买内容、承担风险。显然，辅助型出版商仅仅满足其中一个条件——生产某种类型的文化商品。辅助型出版商不购买内容（他们并不购买作品的专有出版权），也不承担出版风险（他们没有向其出版的图书投入资金）。辅助型出版商不在读者市场展开竞争，它们在内容市场上展开竞争，不过是另外一种形式：以收费的形式为其顾客——作者展开竞争。这种模式的共同特点是：作者向出版商提供数字化内容并向出版商支付一定的费用生产和销售他们要求的书籍。

在作者向辅助型出版商交纳一定的出版费用后，辅助型出版商会为其申请 ISBN 号并安排其进入图书标准书目数据库书目中；出版商不为作者的图书刊登广告或进行促销，除非作者购买了这项服务，而且他们也不会努力将图书分销到商店中。出版商只对产品在一个方面增加了其重要价值——管理出版流程。辅助出版商不会基于图书质量或者读者的兴趣选择内容；他们没有为图书投资；不会主动去编辑或者改进图书内容；也不负责图书的销售或市场推广，除非作者花钱请他们提供这些服务。

为了便于我们进一步理解辅助型出版商的经营特点，接下来，我们将对印刷图书的三种出版模式的经营主体——辅助型出版商与传统的版税支付型出版商、自出版者分别从商业模式、投资规模和主体、文化把关功能的强弱、出版权利的享有者、创造 / 编辑内容的主体、生产者、市场推广者、发行者对这三种出版模式进行比较。见表 1。

表 1：三种出版模式的比较

	传统版税出版商	POD 辅助出版商	自出版
商业模式	利润来源于图书销售和版权	利润来源于出售服务	利润来源于图书销售和版权
投资	稳定而充分；出版商	适量；作者	变化之中；作者
文化把关功能	重要	没有	没有
出版权利	出版商享有	作者享有	作者享有
创造 / 编辑内容	作者和出版商	作者	作者
生产	出版商	出版商	作者
市场推广	出版商	作者	作者
发行	出版商	出版商	作者

文化历史学家 Raymond Williams 在《文化历史学》一书中指出，文化生产有两个要素：复制、发行技术以及社会、经济机构及其实践活动。在图书生产中，技术——印刷——在历史上需要专业技术和大量的投资，而这些是大多数个人所不具备的。因此，在很大程度上，图书生产活动局限于出版业内。

传统的版税支付型出版业（traditional royalty-paying publishing）正是 Williams 所称的文化生产的专业市场模式。出版商从作者提供的大量作品中选择符合出版要求的作品；出版商购买这些文稿的使用权，并投入大量的资源将这些文稿加工成可以投入市场的形态，并期待能够销售足够的数量以弥补各项投资并获取利润；作者从其销售收入中获得一定比例的收益。当然，作者获得的收益根据其销量在不断发生变化。很多文本来源于出版社而非作者，出版商在两个市场上展开激烈的竞争——内容市场（寻找以最低的价格获取最好的内容）和读者市场（将书卖给读者）。在这种模式中，虽然很多工作由其他机构完成，例如图书的物理形态则是印刷者和装订者的共同劳动成果。出版者有责任推广和促销图书，而发行人和书店则提供将图书送到读者手中的渠道，但是出版过程由出版商管理，出版商的声誉和经济利益都依赖于图书的成功。一般来说，出版商在以下几个方面为图书增加了价值：内容的获取 / 选择手稿；投资并承担风险；改进图书内容 / 编辑或设计；质量控制；出版流程管理，包括组织图书的分销和仓储；销售和市场推广。每一个阶段出版商都要做出投资决策，并承担相应的风险。因为出版者具备资本和专业技术，控制着生产方法，因此作者和具备生产能力的 / 生产中间商——出版者紧密联系：作者提供内容；出版者通过投入资本、提供专业技术增加内容的价值；作者和出版商双方都从图书的销售中获利。

自出版（self-publishing）则符合 Williams 提到的文化生产的手工模式。自出版者自己完成所有的生产服务。他们自己申请 ISBN 号并直接将图书销售给读者、书店或者分销商，而且自己保留所有的销售收入。在自出版模式下，作者与出版商合为一体，其生产的图书通过出版商（作者）对外销售，在读者市场上展开竞争，但是不在内容市场上展开竞争。生产者和作者融为一体，是直接的独立的市场参与者。在一个纯手工生产模式下，作者直接将图书销售给读者。在改良的手工生产模式下，作者将书卖给中间机构，例如书店或者发行商。

辅助型出版不属于以上任何一种模式。作者并未像自出版模式一样直接参与市场；图书由辅助型出版商生产和销售。然而，因为辅助型出版商没有为图书出版投入资本，所以他们对图书的销售情况并不是很感兴趣。他们是中间服务商，因此，他们既不承担出版风险，也不获得出版带来的收益。

3. 美国主要辅助型出版商的四种运作模式

POD 技术是数字革命的一个方面，它改变了我们过去文化生产的很多形式。然而新技术产生于现有的机构中，而且通常需要遵守主流模式和设想。对于传统版税出版商而言，POD 技术是一场出版流程的革命而不是产品革命。正如 Thompson 在《数字时代的图书》一书中指出的，它改变了图书的生命周期，帮助出版商无限的保持其图书在版。

然而，新技术也为新的实践提供了可能性。数字媒体使得更多的人可以成为生产者，而且通过网络传播使得他们可以直接与每一个潜在读者 / 听众 / 观众取得联系。例如，将内容直接上传到网络使得音乐家可以绕开唱片业直接与听众联系。不管他们是否找到了一种有效地增加进入这个行业的作家和扩大可供读者写作的平台的结构，大量的书业机构都在做着 POD 技术的试验。下面介绍的这四个辅助型出版商只是许许多多为千千万万在传统出版世界中无法实现"作者梦"的人出版了数千种书的很小一部分，但是他们分别代表了美国主要辅助出版商的四种不同运行模式：有的与平民文化运动相联系，例如 AuthorHouse；有的仍然与传统出版业保持紧密联系，例如 iUniverse；有的作为其读者出版图书的书店而存在，例如，Books by Bookends；有的强调 DIY（do-it-yourself）的出版精神，例如 Lulu。

Author House——图书出版是一种冒险——让 AuthorHouse 成为你的指导

AuthorHouse（原来的 1stBooks），美国最大的辅助型出版商，迄今为止已经为 30000 个作者出版了 40000 种书，平均每个月增长 500 种。AuthorHouse 的服务方式是公司职员与作者直接建立个人联系，给业余作者提供看到其作品以图书的形式出现的满足感的经历：任何人只要少量的投资，就可以通过 AuthorHouse 将其手稿转化成一本书，然而，因为其不具备传统出版商非常强调的显示其出版声誉、权威等无形资产，有些作者也许会因为书店和评论家对其作品没有任何兴趣而感到失望。

iUniverse——提供最佳出版选择

iUniverse 与传统出版业紧密联系，立志成为主要出版商的一个分支机构。它以不同层次的编辑销售方式，鉴别作者和图书潜力的大小，并与传统的商业出版商签订合同。那些被传统出版商抛弃的作者也许可以通过 iUniverse 的明星计划形成一个具有说服力的销售数据，进而列入公司的明星榜，其将书名提交给巴诺公司采购员，以传统书商折扣订价，例如 2005 年 iUniverse 按照传统的版税支付模式，出版了阿弥·菲舍尔（Amy Fisher）的自传。

Books by Bookends——你是这里的作者队伍中的一员吗？

2004 年 5 月，Books by Bookends 成为新泽西州第一家在书店内安装 InstaBooks 装订机的按需出版书店型公司，作者可以将他们手稿的电子版带到公司来，作者只需支付一定费用，就能在几小时内将手稿变成一本与传统的出版没有差别的图书。除此之外，Books by Bookends 还为作者们提供了分享写作的平台，包括其他作者的评论等，不管这本书是否有人购买，（事实上根据调查资助出版网站上的作者推荐书的时候很多都经常提到与他们的作品有关的经历——社区报纸采访、签署一本书，与某个团体的对话等，而不是销售）作者可以从他们与其它作者以及亲朋好友的私人联系中找到满足感。

Lulu——我们是自由的，我们是快捷的，一切由你掌控

Lulu 为作者或其它内容形式的创作者提供了另外一种与现存机构不同的销售和分享其作品的方式——一种 21 世纪的手工生产形式，其所提供的按需出版服务是"数字 DIY（Do It Yourself，自己动手做）"，创作者和 Lulu 就像合作伙伴，他们可以通过 Lulu 为自己提供广泛的服务选择，例如创作者可以在 Lulu 网站上免费贴出并他们的作品，其"博客"会员还可享

受免费印书服务，Lulu 从其图书销售中抽取 20% 的版税作为佣金（如果作者拒绝交纳版税，Lulu 就不进行委托销售）。在这四个出版商中，Lulu 似乎真的致力于寻找一种新的出版和发行模式，它主要强调的是个人联系，而不是公司或者机构的联系，有人预言其将成为出版界的 eBay。

4. 美国辅助型出版商的文化价值

辅助型出版商的兴起和发展开创了一种新的文化生产方式，具有重要的文化价值。其文化价值主要表现在以下几个方面。

首先，辅助型出版商为作者创作了与他人分享作品的机会。画家可以在一个小规模的团体中展示他（她）的作品，与他人分享其创作成果；音乐家可以在较少的投入或成本的情况下为很少的观众表演他们的音乐作品，他们都可以在有限的条件下，与他人分享自己的作品。然而作者，在历史上一直面临着一种不同的处境：分享写作——一本小说、论文集、诗集——的生产需要大量地投入，普通人很难承担。业余作者没有什么机会与别人分享他们的作品，而辅助型出版商的出现则为他们创造了新的在更广阔的范围与他人分享其作品的机会。

其次，辅助型出版商采取的 POD 技术使大量的新的文化实践——以生产而不是消费为核心的流行文化形式得以出现。在过去的观念里，出版——甚至业余出版——都要求其作品可以提供给读者，而且发行是出版流程中至关重要的环节。但是辅助型出版商出版的很多作品都是供作者与其亲朋好友分享写作经验，而不是销售。例如 Lulu 每月大约新增 3000 种书，但是很少的作者申请与出版发行系统紧密联系的 ISBN 号，所有到目前为止，Lulu 出版的图书中只有 2000 多种图书被列入亚马逊公司的书目表格。

最后，辅助型出版商推动了文化平民运动的发展。辅助型出版商出版了大量的图书，这也表明很多人对写作和分享其作品有很大的兴趣，不管这种分享是局限于家庭、社区或者有着更广阔的空间。辅助型出版商为各种作者开启了一扇门。这是一种新的文化生产方式——与传统版税型出版商不同，其既不依赖于庞大的经济实力，也不依赖于其文化权威性，其为各种作者打开了大门。

辅助型出版商为我们开创了一种新的文化生产方式，但是作为一种新生事物，其在发展的过程也产生了一个突出的问题——所出版的图书的文化认同问题。过去，一本图书的文化地位取决于两个要素：首先，其何时受到出版商的认可并为此书进行投资；其次，其何时获得评论家的赞美或严厉批评，或者被他们忽略。但是即使是一本销量很小而且未获评论，或者获得极差评论的书也会被认为是"合理的"，因为作者之外的其他人——编辑或出版者看到了它其中蕴含的价值。而辅助型出版商出版的图书大多数用于纪念或者亲朋好友间的分享，因此，从这个角度来看，其并不在这个范围之内。而某些批评家也曾经抱怨辅助型出版商出版了大量未经质量审查和没有任何市场也没有任何价值的图书，造成了图书品种泛滥成灾，因为辅助型出版商不是文化把关人，他们只是认真对待业余作家作品的团体，因此，对于其作品文化地位的评估需要借助第三方机构。历史上一些机构，例如书店、书评或者评奖组织为读者在每年出版的大量图书中做出选择提供信息和评估，是必要的中间商，但是这些中间商经常忽略那些未受到传统出版业认可的图书，因此，辅助型出版商出版的图书很难获得他们的相关评论和认可。但是在其它文化领域——例如音乐、艺术、戏剧——有另外一种获取相关评论的途径：他们建立了很多业余团体，这些业余团体在节日或者固定时间将这些业余艺术家组织到一起，对其作品进行评估，组织评奖活动，并且这些团体还能较好的将创作者和观众联系在一起。因此，资助型出版的服务主体——业余出版业在发展的过程中也可以借助他们的经验，例如可以基于某种写作流派或者兴趣建立某些业余作家团体。辅助出版商可以成为这些业余作家团体的推动者，因为这些团体可以为业余作家间的相互交流和评估提供基础，这对业余出版业和辅助出版商的发展以及文化的繁荣都会起到巨大的促进作用。

参考文献

［1］ Ann Haugland .Opening the Gates：Print on-demand publishing as cultural production（J）. Publishing Research Quarterly, V.22, no.3, 2006:1-7

［2］江玲 . 美国图书市场的按需出版商 ［J］. 出版与印刷，2006（3）：16

［3］傅西平，尚永 . 美四大按需出版公司各具特色 ［J］. 出版参考，2007（4，上旬刊）：31

［4］http://www.authorhouse.com/（EB/OL）[2008-3-10]（2008-3-28）

［5］http://www.iuniverse.com/（EB/OL）[2008-3-10]（2008-3-28）

苹果的成功及其给我国数字出版商的启示

1. 引言

2010 年 5 月 26 日，苹果公司以 2213.6 亿美元的市值，超越微软，成为全球最具价值的科技公司。而在 2003 年初，苹果公司的市值还不过 60 亿美元左右。短短 7 年之内，市值增加了近 40 倍，其成功毋庸置疑。作为全球最具价值的数字出版商之一，苹果的成功是由很多因素造成的。精准的市场定位、收益分享的商业模式、创新的技术、卓越的市场营销能力以及品牌等，这些都为苹果的成功奠定了基础。与苹果的成功相比，我国数字出版商的发展则相对缓慢，且遇到不小的困难。例如中国电子书阅读器生产厂商之一——汉王科技尽管在万众期待中成功上市，上市后的经营状况却并不理想，且自 2012 年 1 月 16 日开市起临时停牌。根据汉王科技日前公布的三季报显示，2012 年前三个季度，汉王科技的业绩并不太理想，其总营收为 3.041 亿元，同比下滑 23.64%，净亏损高达 3818.45 万元。事实上，汉王科技自 2010 年第四季度起就开始出现业绩亏损。目前该公司连续 8 个季度出现亏损。根据汉王科技的财报显示，2011 年全年汉王科技亏损更是高达 5 亿元。[1] 除了汉王之外，我国其他数字出版商，例如生产电子书阅读器锦书（Bambook）的盛大文学，生产平板电脑的联想，其相关业务都处于亏损状态。生产智能手机的华为等企业虽然未有大的亏损，但是也并未从智能手机这块利润庞大的市场中获得收益。他山之石，可以攻玉。要想解决这一困境，对苹果成功经验的借鉴就显得尤为必要。

2. 苹果公司的经营范围

苹果公司的经营范围包括：移动通信产品、媒体产品、个人电脑以及便携式数字音乐播放器。除此之外，其还销售大量相关软件、服务、外部网络解决方案，第三方机构的数字内容及其应用。苹果的产品和服务主要包括智能手机（iPhone）、平板电脑（iPad）、个人电脑（Mac）、音乐播放器（iPod）、苹果电视（Apple TV）、操作系统（iOS和Mac OS X）、云服务（icloud）以及各种配件、服务和支持产品组合。苹果同样也通过苹果音乐商店（iTunes Store）、电子书店（iBookstore）以及应用程序商店（Mac App Store）和数字内容综合销售平台（App Store）销售和发行数字内容和应用程序。苹果通过其遍布全球的零售商店、网上商店和直销渠道以及第三方移动网络运营商、批发商、零售商和增值经销商销售其产品。除此之外，苹果还通过它的网络和零售商店销售大量第三方生产的智能手机、平板电脑、个人电脑、音乐播放器的兼容产品，包括相关应用软件、打印设备、存储设备、扬声器、耳机以及其他各种配件和外部设备等。苹果的销售对象主要包括普通消费者、中小企业、教育机构、大型企业以及政府顾客。

3. 苹果公司的成功因素

3.1 精准的市场定位

苹果的产品种类较单一，因此，要想通过其单一的产品种类获得巨大市场份额，就必须在多个细分市场中，找到最适合自己的目标顾客群体，并精准的定位于其目标顾客群体。苹果的目标顾客群体非常明确：追求时尚的年轻人、白领和商务人士。事实证明，苹果针对这一目标顾客群体的市场定位非常成功。手机媒体测量权威"移动媒体：测量（M：Metrics）"2008年发布的一项调查表明，苹果智能手机的用户中，男性居多，且主要集中于25-34年龄段，大学毕业，年收入超过100000美元。[2]另外一项调查再次确定了其目标顾客特征：年龄在30岁以下，专业人士，在科学、艺术／娱乐或信息产业工作。[3] 苹果平板电脑、苹果个人电脑、苹果音乐播放器的目标顾客特征也与此类似，它们的市场定位同样精准，因此也取得了巨大的商业成功。

3.2 收益分享的商业模式

与传统大多数移动运营商采用的"围墙花园模式"（walled garden model，即运营商在一定程度开放的基础上仍对合作伙伴封闭部分流程，以此保证其主导地位）不同，为了吸引更多内容提供商的进入，苹果采用开放的苹果商店来平衡与内容提供商的关系。实践证明，基于收益分享协议的开放的苹果商店模式使苹果在短时间内迅速获得巨大成功。[4] 如表 1 所示，苹果在 2007 年和 2012 年间的净收入和内容产品的收入都获得了巨大增长。

表 1：苹果 2007-2011 年净收入　　　（单位：百万美元）

收入	2007	2008	2009	2010	2011	2012
净销售总额	24578	32491	42905	65225	108249	156508
台式机	4023	5622	4324	6201	6439	6040
便携电脑	6313	8732	9535	11278	15344	17181
苹果音乐播放器和相关产品	8305	9153	8091	8274	7453	5615
其他音乐相关产品和服务／内容收入	2496	3340	4036	4948	6314	8534
苹果手机和相关产品	630	6742	13033	25179	47057	80477
苹果平板电脑和相关产品	0	0	0	4958	20358	32424
外部设备和其他硬件	1303	1694	1475	1814	2330	2778
软件，服务和其他销售	1508	2208	2411	2573	2954	3459

（数据来源：苹果财报（2007-2012））

从表 1 中，我们可以看到，2007 年到 2012 年间，苹果公司销售增长速度非常快，苹果内容商店和 iTunes 的内容产品的销量也在不断增长。如果说苹果音乐播放器的成功离不开苹果音乐商店的支持，那么苹果智能手机、苹果平板电脑和苹果个人电脑的成功，同样离不开其数字内容综合销售平台的建立和发展。最初，苹果不支持第三方软件在苹果手机上的应用，但是当它 2008 年 7 月开办数字内容综合销售平台后，就改变了这一策略。当苹果的 3G 版本上市的这个时候，其更是将宣传的焦点集中在软件应用方面。

并且，为了吸引更多内容提供商的进入，苹果采用开放的数字内容综合销售平台模式来平衡与内容提供商的关系。

苹果在其新的基于收益分享的商业模式下，开始强调其作为应用软件和内容中间商的角色，内容提供商获得 70% 的收益，苹果则分得 30% 的收益。苹果开始基本放弃了软件和内容开发的控制权（软件和内容开发向所有开发商开放），但是牢牢的保持着对软件和内容销售的控制权（所有数字内容综合销售平台的应用软件和内容必须得到苹果的许可）。除此之外，通过保持软件和内容销售控制权，苹果还保护了应用软件和内容的安全性和内容提供商的版权，保证苹果用户下载的苹果内容是安全可靠而合法的，充当着看门人的角色。从内容提供商的角度看，苹果通过创新性的软件成功的创造了一个可以提高消费者对移动内容及服务的兴趣的平台，与此同时，通过软件开发工具包的引进又简化了软件开发商的流程。[5] 而且，苹果还将内容产品的定价权交给了内容提供商。在苹果开办苹果电子书店之前，出版商向亚马逊或其他经销商出售电子书时，通常是给出一个特定的批发价格，经销商可以任意定价销售，甚至是低于批发价成本。苹果的"代理定价"模式则允许出版商自主定价，让出版商拥有了对零售价格的控制权，这正是亚马逊所不能给予的。从苹果的角度看，数字内容综合销售平台的开放实际上已经给苹果带来了丰富的利润，在其运行的 6 个月内就获得了 45000000 美元的收益。在其将 iTunes 并入其中后，其 2011 年的营业收入更是达到 9268000000 美元。脸书（Facebook）、推特（Twitter）、电子商场（eBay ）和 瑟嘎（Sega）等重要企业也纷纷将自己创造的一些应用软件交由 App Store 销售。从消费者的角度看，苹果使消费者可以非常便利的找到第三方机构生产的高质量的低价的软件和内容产品。随着数字内容综合销售平台的开办，苹果产品开始成为非常重要的游戏平台、视听平台和阅读平台。

3.3 技术创新

苹果的另一个非常重要的核心竞争力就是技术的创新。[6] 从技术的角度看，苹果开发了非常有用的移动设备。其中有几个技术相关因素更是为苹果产品的成功奠定了基础。首先，苹果产品创造了大量简单按钮以吸引那些对大量菜单、图标感到厌烦的消费者。[7] 同时，苹果还通过创新而直观的界面满足了用户需求。其次，与其他手机和平板电脑相比，苹果手机和平板电脑的移动浏览体验质量非常高。这主要是因为苹果手机和平板电脑安装了 Safari 浏览器，这个浏览器无需建立专门的移动版本就可以提供标准的网页。[8] 这对于消费者来说特别重要，因为他们希望可以在手机和平板电脑上复制他们在电脑上的互联网体验，苹果的产品帮他们达成了这一愿望。最后，尽管苹果创造和生产了苹果手机和平板电脑硬件，他们认识到从技术的角度看，手机和平板电脑的未来将通过软件而不是硬件来区分，[9] 因此，苹果促进第三方机构开发创新软件应用，自己则集中于硬件创新。

3.4 卓越的市场营销能力和品牌

苹果还有着非常卓越的市场营销能力。事实上，市场也是苹果的核心竞争力之一。[10] 苹果更多的是将苹果产品作为一项服务而不是一项产品进行推广。[11] 这一点从苹果的广告就可以看出来：苹果产品的广告更强调苹果产品及其相关第三方应用软件的能力而不是技术本身。从价格的角度看，苹果采取撇脂定价以及不断更新版本的策略。即其在产品刚上市的时候采取高价策略，从其早期顾客那里获得高额利润之后，即以不同的价格为顾客提供一系列产品（如好的、更好的、最好的），使消费者能够从中选出一种最符合其需要和购买能力的产品。同时，下调早期的较低端产品的价格来增加其与一般公众的接触。同时，苹果还依据某个市场愿意为苹果产品支付的价格，在不同的地区采取不同的定价策略。例如在日本，苹果与日本移动运营商软件银行（Softbank）签订了两年免费销售的协议，而同一时间，其在美国则与美国移动运营商 AT&T 签订了以 99 美元销售的为期两年的协议。除了市场方面的努力，苹果还设计了品牌形象，采取了品牌战略。根据 2011 年知名市场研究机构米尔伍德·布朗（Millward Brown）发布的最新品牌 Z（BrandZ）全球品牌百强排行榜，苹果已超越谷歌成为全球最有价值的品牌，品牌价值达 1530 亿美元。 苹果的品牌战略不仅为其创造了重要价值，而且还为其创造了大量忠诚客户。

4. 苹果的成功给我国数字出版设备提供商的启示

4.1 增强企业核心竞争力

自普拉哈拉德（C. K. Prahalad）和哈默尔（Gary Hamel）于1990年在《哈佛商业评论》上发表了《公司核心竞争力》一文后，核心竞争力的概念迅速被企业界和学术界所接受。核心竞争力，又称"核心（竞争）能力"、"核心竞争优势"，指的是组织具备的应对变革与激烈的外部竞争，并且取胜于竞争对手的能力的集合。如前所述，苹果拥有技术、市场、品牌、创新等多项竞争优势，同时它又能将竞争优势有机的统一起来，形成其明显区别于其竞争对手的核心竞争力。然而，我国的数字出版商则普遍缺乏明显优于竞争对手的核心竞争力，很多数字出版企业为了弥补其核心竞争力不足的缺陷，采取多元化发展战略。例如汉王科技就生产并销售40多款电子书阅读器，联想的平板电脑也有多种款型。这种多元化发展战略的后果就是企业资源进一步分散，竞争优势进一步弱化。因此，我国数字出版商首先要考虑的就是进行合理的定位，建立自己的竞争优势，并将主要资源集中于企业的竞争优势，从而形成企业的核心竞争力。

4.2 建立有益于产业链良性合作的商业模式

苹果公司的过人之处，不仅仅在于它为新技术提供时尚的设计，更重要的是，它把新技术和卓越的商业模式结合起来。苹果真正的创新不是硬件层面的，而是让内容的获取变得更加简单易行。例如其将苹果的硬件与数字内容综合销售平台结合，开创了一个全新的商业模式——将硬件、软件和服务融为一体的有益于内容提供商和技术提供商良性合作的商业模式。而我国数字出版产业在发展过程中，内容提供商、平台、网络运营商和数字出版终端设备提供商的联系一直较为松散，且对于产业主导权的争夺也非常激烈。事实上，数字出版产业的发展离不开这几方的共同发展。只有建立多方共赢的商业模式，才能促进各方以及产业整体的发展。因此，我国数字出版商也要树立良性合作的观念，建立并维护有益于良性合作的商业模式的形成。

4.3 以用户为中心加强创新

谈到苹果的成功，创新也是其重要成功因素之一。苹果的创新是多方面的，苹果在技术、市场乃至商业模式方面都融合了创新的智慧。然而，苹果的创新并非毫无方向的一味追求，其在创新的过程中始终注意以用户为中心。例如，苹果的技术创新就是以获得更优越的用户体验为核心。然而，与苹果相比，我国的数字出版商的创新能力则相对不足，它们更多的从事的是设备的组装工作，而不是创造工作。这一方面提高了其产品的生产成本，另一方面，在与苹果、亚马逊等全球著名数字出版商竞争的过程中，很容易就处于不利地位。除了创新能力不足外，我国数字出版商更专注于技术的创新，而在技术创新的过程中又很容易一味追求技术的进步，而忽略用户的体验。而事实上，用户才是数字出版设备的终端使用者，用户的满意才是产品成功的标志和关键。因此，我国数字出版商还需要结合我国文字和文化市场消费的特点，以我国用户的阅读和视听习惯为核心，加强创新。

引用文献

[1] 汉王科技：2010、2011 年、2012 年第三季度报告正文 [EB/OL]. [2013-1-10]

http://www.cninfo.com.cn/information/companyinfo.html?periodicalreport?szsme002362

[2] M:Metrics. iPhone Hype Holds Up[EB/OL]. [2012-12-10]

http://www.marketwire.com/press-release/m-metrics-iphone-hype-holds-up-833439.htm

[3] D. Sliwinska，J. Ranasinghe and I. Kardava. Apple's pricing strategy[EB/OL].

[2012-12-22]http://christophe.benavent.free.fr/IMG/pdf/AINI_2008_Apple_s_Pricing_Strategy.pdf

［4］ J. West，M. Mace. Browsing as the killer app: Explaining the rapid success of Apple's iPhone[J].Telecommun Policy，2010，34（4）：270-286

［5］ Young Seog Yoon，Jaeheung Yoo，Munkee Choi. Revenue Sharing is the Optimal Contractual Formfor Emerging App Economy?[J/OL].

[2012-11-10]http://ieeexplore.ieee.org/stamp/stamp.jsp?arnumber=05674694

［6］［10］ J. West and M. Mace. Entering a Mature Industry Through Innovation: Apple's iPhone Strategy[C]. Proc. Druid Summer Conference，2007

［7］ A. Marcus. Am I Pushing Your Buttons[J]. Interactions，2007，14（5）：44-45

［8］ K. Eaton,. iPhone King of the Mobile Web with 50% Share[EB/OL]. [2012-12-25]

http://www.fastcompany.com/blog/kiteaton/technomix/iphone-success-shows-what-people-wantmobile-net.

［9］ N. Wingfield. iPhone Software Sales Take Off[J]. Wall Street Journal，2008，（10）

［11］ G. Walker，N. Stanton，D. Jenkins. From telephones to iPhones: Applying systems thinking to networked, interoperable products[J]. Applied Ergonomics，2009，40，（8）：206-21